# LES MEILLEURES RECETTES À PETITS PRIX

*100 recettes inratables*



100% CUISINE

MANGO

# SOMMAIRE

## Entrées



## Plats

# SOMMAIRE

## Desserts

# SOMMAIRE THÉMATIQUE

## Pour 4 personnes

# SOMMAIRE THÉMATIQUE



## Pour 6 personnes

## Pour 8 personnes

# ENTRÉES

# CAKE AUX BROCOLIS

**Pour 6 personnes**
**Préparation : 15 min**
**Cuisson : 45 min**

1,2 kg de brocolis
120 g de gruyère râpé
200 g de farine
½ sachet de levure chimique
3 œufs
50 g de beurre fondu
10 cl de lait
1 cuillerée à café de cumin
1 pincée de poudre de piment d'Espelette
Beurre et farine pour le moule
Sel et poivre

1. Préchauffez le four à 180 °C (th. 6).

2. Lavez les brocolis et détaillez-les en petits bouquets. Faites-les cuire 15 à 20 minutes dans une grande casserole d'eau bouillante salée. Égouttez-les puis recoupez-les en petits morceaux.

3. Battez les œufs dans un saladier. Assaisonnez-les de sel, poivre, la poudre de piment d'Espelette et le cumin. Ajoutez le beurre fondu, la farine et la levure. Battez bien le tout. Versez le lait et battez à nouveau. Ajoutez ensuite les morceaux de brocolis et le gruyère râpé.

4. Versez la préparation dans un moule à cake beurré et fariné. Enfournez et faites cuire 30 minutes.

5. Laissez tiédir avant de démouler. Dégustez ce cake tiède ou froid.

# SALADE DE CHAMPIGNONS
## *et tomates à l'ail confit*

**Pour 4 personnes**
**Préparation : 20 min**
**Sans cuisson**

300 g de champignons de Paris
200 g de tomates cerises
120 g de mesclun
100 g de dés de jambon
3 gousses d'ail confites
Le jus de ½ citron

Vinaigrette :
10 cl de crème fleurette
1 cuillerée à soupe de moutarde
2 cuillerées à soupe d'huile d'olive
1 cuillerée à soupe de vinaigre balsamique
½ bouquet de coriandre
Le jus de ½ citron
Sel et poivre

1. Rincez rapidement les champignons puis ôtez le pied. Émincez-les finement en les citronnant au fur et à mesure pour éviter qu'ils noircissent.

2. Lavez les tomates cerises et coupez-les en deux. Lavez le mesclun. Émincez les gousses d'ail confites.

3. Dans un saladier, réunissez le mesclun, les champignons, les tomates, les dés de jambon et l'ail.

4. Réalisez la vinaigrette : lavez et hachez la coriandre. Dans un bol, mélangez la crème fleurette avec la moutarde, l'huile d'olive, le vinaigre, du sel et du poivre. Ajoutez la coriandre.

5. Assaisonnez la salade de vinaigrette et servez aussitôt.

# THOÏONADE ET ANCHOÏADE

**Pour 4 personnes**
**Préparation : 15 min**
**Sans cuisson**

Thoïonade :
1 boîte de thon à l'huile (175 g)
1 gousse d'ail pelée
1 jaune d'œuf
1 cuillerée à soupe de câpres
1 cuillerée à soupe d'olives noires dénoyautées
Sel et poivre

Anchoïade :
8 filets d'anchois marinés
6 tomates confites
½ poivron mariné
½ gousse d'ail pelée
Huile d'olive
Poivre

1. Réalisez la thoïonade : égouttez le thon et déposez-le dans le bol d'un robot. Ajoutez le reste des ingrédients et mixez afin d'obtenir une texture homogène. Versez dans un bol et réservez au réfrigérateur jusqu'au moment de servir.

2. Réalisez l'anchoïade : égouttez les anchois et le poivron marinés et déposez-les dans le bol d'un robot. Ajoutez les tomates confites, l'ail et du poivre. Mixez le tout en versant de l'huile d'olive afin d'obtenir une texture homogène. Versez dans un bol et réservez au réfrigérateur jusqu'au moment de servir.

3. Dégustez la thoïonade et l'anchoïade à l'apéritif ou en entrée sur des tranches de pain de campagne ou sur des rondelles de courgette et de concombre.

# ACCRAS DE CABILLAUD

**Pour 4 personnes**
**Préparation : 10 min**
**Cuisson : 20 min**

200 g de cabillaud
3 brins de persil plat
1 cuillerée à café de poudre de piment fort
1 œuf
1 tranche de pain de mie
1 cuillerée à soupe de farine
Le jus de ½ citron
3 cuillerées à soupe d'huile d'olive
Sel

1. Préchauffez le four à 180 °C (th. 6).

2. Déposez le cabillaud dans un plat allant au four et arrosez-le avec 1 cuillerée à soupe d'huile d'olive. Enfournez et faites cuire 15 minutes. Laissez-le refroidir.

3. Ôtez la croûte du pain de mie. Lavez et hachez le persil.

4. Dans un saladier, émiettez la chair de cabillaud à la fourchette. Ajoutez le jus de citron, le piment, le persil, l'œuf, la mie de pain et 1 pincée de sel. Malaxez le tout pour obtenir une farce bien homogène.

5. Avec la préparation, façonnez des boulettes de la taille d'une grosse noix. Roulez-les dans la farine (ôtez l'excédent).

6. Faites chauffer l'huile d'olive dans une poêle antiadhésive puis faites dorer les accras de cabillaud 4 à 5 minutes. Dégustez aussitôt.

# ŒUFS COCOTTE
## aux petits lardons

**Pour 4 personnes**
**Préparation : 10 min**
**Cuisson : 8 min**

8 œufs extra-frais
100 g de lardons
8 cuillerées à soupe de crème fraîche épaisse
8 brins de ciboulette
Poudre de piment d'Espelette
Poivre

1. Préchauffez le four à 200 °C (th. 6-7).

2. Hachez la ciboulette.

3. Dans une poêle chaude antiadhésive et sans matière grasse, faites revenir les lardons 3 minutes à feu moyen.

4. Dans le fond de 4 caquelons, déposez 2 cuillerées à soupe de crème fraîche. Cassez délicatement 2 œufs par-dessus. Ajoutez quelques lardons, 1 pincée de poudre de piment d'Espelette, du poivre et un peu de ciboulette.

5. Enfournez et faites cuire 5 minutes. Dégustez-les aussitôt.

# FLANS DE COURGETTES
## *au lait de coco*

**Pour 8 personnes**
**Préparation : 15 min**
**Cuisson : 25 min**

1,6 kg de courgettes (de préférence non traitées)
6 œufs
20 cl de crème liquide entière
20 cl de lait de coco
2 gousses d'ail
1 bouquet de coriandre
Sel et poivre

1. Préchauffez le four à 160 °C (th. 5-6).

2. Lavez les courgettes et râpez-les.

3. Lavez et hachez la coriandre. Pelez et hachez les gousses d'ail.

4. Dans un saladier, mélangez les courgettes râpées avec la crème liquide, le lait de coco, la coriandre et l'ail. Salez, poivrez et ajoutez les œufs battus.

5. Versez la préparation dans des moules en silicone ou des ramequins. Enfournez et faites cuire 25 minutes (les flans ne doivent pas trop dorer).

# ŒUFS EN MEURETTE

**Pour 6 personnes**
**Préparation : 20 min**
**Cuisson : 50 min**

6 œufs extra-frais
150 g de poitrine fumée taillée en lardons
4 oignons émincés
6 échalotes hachées
6 tranches de pain grillé et aillé
1,5 litre de vin rouge
6 g de fécule de pommes de terre
50 cl de vinaigre blanc
120 g de beurre
1 pincée de sucre semoule
Sel et poivre

## Astuce

Versez du vinaigre sur un œuf frais permet de le précuire.

1. Portez le vin à ébullition et flambez. Remettez le vin sur feu doux et faites réduire de moitié. Ajoutez les échalotes et laissez réduire encore de moitié. Prélevez un petit peu de vin et délayez-y la fécule de pommes de terre. Incorporez au vin réduit et montez la sauce en ajoutant 70 g de beurre. Salez et poivrez.

2. Faites fondre 50 g de beurre dans une sauteuse et faites-y confire les oignons 20 minutes avec 1 pincée de sucre, du sel et du poivre.

3. Faites chauffer une poêle et faites-y dorer les lardons.

4. Portez une casserole d'eau à ébullition avec 20 cl de vinaigre blanc. Cassez chaque œuf dans un bol et répartissez les 30 cl de vinaigre restants sur chaque œuf. Laissez agir 3 minutes.

5. Verser chaque œuf au centre de la casserole et faites un tourbillon dans l'eau. Laissez frémir 2 minutes puis retirez l'œuf. Réservez les œufs dans un récipient d'eau fraîche.

6. Juste avant de dresser, portez une casserole d'eau à frémissement pour réchauffer les œufs pendant 20 secondes. Dans une assiette creuse, disposez 1 œuf sur chaque croûton aillé, garnissez de compotée d'oignons et nappez de sauce.

# TERRINE DE CAMPAGNE

**Pour 6 personnes**
**Préparation : 20 min**
**Repos : 1 h**
**Cuisson : 2 h**
**Réfrigération : 24 h**

230 g de foie de porc (ou de foies de volaille)
100 g de gorge de porc
550 g d'épaule de porc
12 longues et larges tranches de lard non fumé
2 poireaux hachés
2 œufs battus
1 gousse d'ail hachée
1 cuillerée à café de thym séché
4 cl de porto
30 g de beurre
2 ½ cuillerées à café rases de sel
1 cuillerée à café de poivre

## Astuce

Cette terrine peut se conserver 1 semaine au frais.

1. Dans une poêle, faites revenir les poireaux avec le beurre 10 minutes à feu doux. Arrosez de porto et mélangez. Déposez dans un grand saladier.

2. Hachez le foie au couteau. Coupez la gorge et l'épaule en gros morceaux puis passez-les au hachoir à viande (ou mixez-les grossièrement).

3. Mélangez toutes les viandes dans le saladier avec les poireaux. Ajoutez les œufs battus, l'ail, le sel, le poivre et le thym. Mélangez bien l'ensemble. Couvrez le saladier et laissez cette farce reposer 1 heure au frais.

4. Préchauffez le four à 180 °C (th. 6). Tapissez le fond et les parois d'une terrine avec les tranches de lard en les laissant dépasser. Remplissez de farce et tassez bien. Rabattez les tranches de lard sur la farce et refermez la terrine. Couvrez d'une feuille d'aluminium.

5. Déposez la terrine dans un plat au bain-marie et faites-la cuire 2 heures environ.

6. Laissez-la refroidir et placez une planchette dessus surmontée d'un poids. Réservez 24 heures au réfrigérateur avant de déguster.

# SALADE NIÇOISE

**Pour 4 personnes**
**Préparation : 20 min**
**Cuisson : 10 min**

150 g de mesclun
4 tomates
1 poivron rouge
2 petits oignons blancs
2 œufs
1 boîte de thon (170 g)
4 à 6 filets d'anchois
50 g d'olives noires dénoyautées

Vinaigrette :
3 cuillerées à soupe d'huile d'olive
Le jus de 1 citron
Sel et poivre

1. Faites durcir les œufs dans une casserole d'eau bouillante (10 minutes à partir de l'ébullition).

2. Lavez le mesclun. Lavez les tomates et coupez-les en rondelles. Lavez le poivron, épépinez-le puis coupez-le en fines lamelles. Émincez les petits oignons.

3. Égouttez le thon et émiettez-le.

4. Une fois les œufs cuits, écalez-les et coupez-les en deux.

5. Dans un saladier, mélangez le mesclun, les tomates et le poivron. Ajoutez le thon, les oignons, les œufs et les olives. Disposez les filets d'anchois sur le dessus.

6. Préparez la vinaigrette en émulsionnant dans un bol l'huile d'olive avec le jus de citron, du sel et du poivre.

7. Versez la vinaigrette sur la salade et servez sans attendre.

# SALADE PIÉMONTAISE

**Pour 4 personnes**
**Préparation : 30 min**
**Cuisson : 20 min**

500 g de pommes de terre à chair ferme
200 g de talon de jambon
2 tomates
2 œufs
6 gros cornichons

Mayonnaise :
1 jaune d'œuf
1 cuillerée à soupe de moutarde
1 cuillerée à café de vinaigre de vin
Huile neutre
Sel et poivre

1. Plongez les pommes de terre dans une casserole d'eau froide salée. Portez à ébullition et faites cuire 20 minutes.

2. Pendant ce temps, faites durcir les œufs dans une casserole d'eau (10 minutes à partir de l'ébullition).

3. Réalisez la mayonnaise : dans un bol, mélangez le jaune d'œuf avec la moutarde, 1 pincée de sel et du poivre. Versez l'huile en filet sans cesser de fouetter : la mayonnaise doit prendre et s'épaissir. Ajoutez le vinaigre à la fin en fouettant pour figer l'émulsion.

4. Égouttez les pommes de terre, épluchez-les et coupez-les en gros cubes. Lavez les tomates, épépinez-les et coupez-les en dès.

5. Coupez le jambon en petits dès et les cornichons en rondelles. Écalez les œufs et coupez-les en quartiers.

6. Dans un saladier, mélangez tous les ingrédients avec trois belles cuillerées à soupe de mayonnaise. Réservez cette salade au réfrigérateur jusqu'au moment de servir.

# TORTILLA
## *de pommes de terre*

**Pour 6 personnes • Préparation : 15 min • Cuisson : 30 min**

800 g de pommes de terre • 8 œufs • 2 oignons • 1 pincée de muscade râpée • 6 cuillerées à soupe d'huile d'olive • Sel et poivre

*1.* Épluchez et lavez les pommes de terre. Coupez-les en rondelles. Pelez et émincez finement les oignons.

*2.* Faites chauffer l'huile dans une grande sauteuse puis faites revenir les pommes de terre avec les oignons 5 minutes à feu moyen.

*3.* Préchauffez le four à 180 °C (th. 6).

*4.* Dans un grand saladier, battez les œufs en omelette avec 1 pincée de sel, de poivre et de muscade. Incorporez le mélange de pommes de terre-oignons.

*5.* Versez la préparation dans un moule rond à gâteau. Enfournez et faites cuire 30 minutes environ, jusqu'à ce que le dessus soit légèrement doré.

*6.* Servez la tortilla tiède ou froide en coupant des parts comme un gâteau.

# SALADE DE MELON
## *pastèque, feta et jambon cru*

**Pour 8 personnes • Préparation : 20 min • Sans cuisson**

1 melon • 1 petite pastèque • 300 g de feta • 8 tranches de jambon cru • 1 citron • 4 brins de thym frais • 4 cuillerées à soupe d'huile d'olive • Sel et poivre

1. Coupez le melon en deux, ôtez les graines et épluchez-le. Épluchez la pastèque. Émincez la chair du melon et de la pastèque finement. Déposez le tout dans un saladier.

2. Coupez la feta et le jambon en fines lamelles. Ajoutez-les dans le saladier.

3. Pressez le citron et mélangez le jus dans un bol avec l'huile d'olive et le thym effeuillé. Versez cette sauce dans le saladier et remuez délicatement. Salez et poivrez. Servez bien frais.

# FINANCIERS chèvre-figues

**Pour 8 gros financiers**
**Préparation : 20 min**
**Congélation : 45 min**
**Cuisson : 15 min**

2 grosses figues moelleuses
1 gros crottin de chèvre
65 g de poudre d'amandes
4 blancs d'œufs
65 g de farine
½ sachet de levure chimique
65 g de beurre + un peu pour les moules
Sel

## Astuce

Vous pouvez remplacer le fromage de chèvre par du gorgonzola.

1. Faites fondre le beurre dans une casserole sur feu moyen jusqu'à ce qu'il devienne couleur noisette. Filtrez-le dans une passoire fine et laissez-le refroidir.

2. Dans un saladier, versez la farine, la levure, la poudre d'amandes et 2 pincées de sel. Ajoutez les blancs d'œufs et mélangez. Incorporez le beurre noisette refroidi. Placez la préparation 45 minutes au congélateur (ou 3 heures au réfrigérateur).

3. Préchauffez le four à 180 °C (th. 6).

4. Versez la préparation dans des moules à financiers beurrés en les remplissant aux trois quarts.

5. Coupez le crottin de chèvre et les figues en petits dés puis répartissez-les sur la surface des financiers en les enfonçant légèrement dans la pâte.

6. Enfournez les financiers et faites cuire 15 minutes. Laissez-les tiédir avant de démouler.

# BEIGNETS DE CREVETTES
## *marinées aux herbes*

**Pour 8 personnes**
**Préparation : 30 min**
**Cuisson : 5 min**
**Repos et marinade : 2 h**

600 g de grosses crevettes
2 gousses d'ail hachées
1 cuillerée à café de gingembre moulu
2 cuillerées à soupe de sauce soja
Le jus de 4 citrons
Herbes aromatiques ciselées (ciboulette, oseille, persil...)
Sauce pimentée pour servir
Huile de friture

Pâte à beignets :
125 g de farine
1 sachet de levure chimique
1 œuf
15 cl de lait
½ cuillerée à café de poudre de piment d'Espelette
1 pincée de sel

1. Préparez la pâte à beignets : dans un saladier, mélangez la farine, la levure, la poudre de piment d'Espelette et le sel. Dans un autre saladier, battez le lait avec l'œuf. Versez ce mélange sur la farine et fouettez le tout afin d'obtenir une pâte lisse. Placez le saladier 1 heure au réfrigérateur.

2. Décortiquez les crevettes en laissant les queues. Rincez-les et posez-les sur du papier absorbant.

3. Dans un saladier, mélangez la sauce soja, le gingembre, le jus de citron, l'ail et les herbes. Déposez les crevettes dans cette marinade, filmez et réservez 1 heure au réfrigérateur.

4. Faites chauffer l'huile de friture.

5. Égouttez les crevettes. Plongez-les dans la pâte à beignets puis faites-les frire dans l'huile bouillante jusqu'à ce qu'elles soient bien dorées. Récupérez-les avec une écumoire et déposez-les sur du papier absorbant.

6. Servez vos beignets aussitôt, avec une sauce pimentée.

# BRIOUATES DE THON

**Pour 8 personnes**
**Préparation : 20 min**
**Cuisson : 15 min**

480 g de thon au naturel
12 feuilles de brick
6 œufs
2 blanc d'œuf
4 échalotes
6 brins de coriandre
6 cuillerées à soupe d'huile d'olive
1 litre d'huile pour la friture

## Astuce

Vous pouvez cuire les briouates au four à 200 °C (th. 6-7) : badigeonnez-les de beurre fondu, enfournez et faites cuire 6 à 8 minutes.

1. Faites durcir les œufs 10 minutes dans une casserole d'eau bouillante salée. Passez-les sous l'eau froide puis écalez-les. Hachez-les finement au couteau.

2. Pelez et hachez les échalotes. Effeuillez et hachez la coriandre.

3. Égouttez le thon et émiettez-le dans un saladier. Ajoutez les œufs hachés, les échalotes, la coriandre, l'huile d'olive, du sel et du poivre. Mélangez bien le tout.

4. Coupez les feuilles de brick en deux. Déposez un peu de farce au thon à l'une des extrémités de chaque demi-feuille puis pliez en triangles successifs pour former les briouates. À l'aide d'un pinceau, soudez les bords avec un peu de blanc d'œuf.

5. Faites chauffer l'huile de friture dans une casserole. Plongez les briouates dans l'huile bien chaude et faites-les dorer 2 minutes. Égouttez-les sur du papier absorbant et dégustez aussitôt.

# VELOUTÉ D'ASPERGES à la menthe

**Pour 4 personnes • Préparation : 5 min • Cuisson : 35 min**

500 g d'asperges vertes en conserve • ½ oignon • 1 gousse d'ail • 4 brins de menthe • 5 cl de crème fraîche • 1 cuillerée à soupe d'huile d'olive • Sel et poivre

1. Pelez et hachez finement l'ail et l'oignon. Faites-les revenir dans une casserole avec l'huile d'olive 5 minutes à feu moyen.

2. Ajoutez les asperges égouttées dans la casserole et faites cuire 5 minutes en remuant. Versez un grand verre d'eau et poursuivez la cuisson 15 minutes. Incorporez la crème fraîche, du sel, du poivre et les brins de menthe (réservez 4 feuilles pour la déco). Faites cuire le tout 10 minutes à feu doux.

3. Mixez finement la préparation à l'aide d'un robot plongeant.

4. Versez le velouté dans 4 bols. Décorez avec 1 feuille de menthe et servez.

## Astuce

En saison, utilisez des asperges vertes fraîches, cuites au préalable 15 minutes à l'eau bouillante salée.

# POTAGE DE POIREAUX
## *à la cive*

**Pour 8 personnes • Préparation : 15 min • Cuisson : 20 min**

8 gros poireaux • 6 grosses pommes de terre • 4 cives •
100 g de beurre • Sel et poivre

1. Lavez les poireaux et ôtez la partie verte la plus dure. Coupez-les en rondelles.

2. Épluchez et lavez les pommes de terre puis coupez-les en dés.

3. Lavez et émincez la cive.

4. Dans une casserole à fond épais, faites fondre le beurre. Quand il est mousseux, déposez les poireaux et la cive et faites-les revenir 5 minutes à feu moyen en remuant régulièrement.

5. Ajoutez les pommes de terre dans la casserole et couvrez aussitôt d'eau à hauteur. Salez et poivrez. Faites cuire environ 20 minutes à feu moyen, à couvert, en remuant de temps en temps.

6. Mixez la préparation à l'aide d'un robot plongeant jusqu'à l'obtention d'un potage bien lisse et onctueux. Servez sans attendre.

# GOUGÈRES
## aux trois fromages

**Pour 6 personnes**
**Préparation : 20 min**
**Cuisson : 15 à 20 min**

50 g de parmesan râpé
50 g de roquefort
50 g de comté râpé
125 g de farine
3 œufs
80 g de beurre
1 pincée de sucre
1 pincée de sel

1. Préchauffez le four à 200 °C (th. 6-7).

2. Préparez la pâte : dans une casserole, faites chauffer le beurre avec 25 cl d'eau, le sel et le sucre. Dès que le beurre est fondu, versez la farine d'un seul coup et mélangez avec une cuillère en bois jusqu'à ce que la pâte n'adhère plus à la cuillère et à la casserole.

3. Hors du feu, incorporez les œufs un à un en mélangeant bien à chaque fois afin d'avoir une pâte homogène.

4. Coupez le roquefort en petits dés.

5. Répartissez la pâte dans 3 saladiers et incorporez chaque fromage dans 1 saladier.

6. Déposez des petits tas de pâte sur une plaque de cuisson recouverte de papier sulfurisé. Enfournez 15 à 20 minutes sans ouvrir le four pour ne pas faire retomber les choux. Laissez refroidir avant de déguster.

# MILLE-FEUILLES
## de jambon au roquefort

**Pour 4 personnes**
**Préparation : 10 min**
**Cuisson : 20 min**

2 pâtes feuilletées
4 tranches de jambon
250 g de roquefort
1 cuillerée à soupe de graines de sésame
1 cuillerée à soupe de crème fraîche épaisse
1 jaune d'œuf pour la dorure
Sel et poivre

### Astuce

Pour une saveur raffinée, réalisez des mille-feuilles chèvre-figue : mélangez des figues fraîches avec la crème épaisse et remplacez le roquefort par du chèvre.

1. Préchauffez le four à 180 °C (th. 6).

2. Dans chaque pâte feuilletée, coupez 6 carrés à l'aide d'un emporte-pièce.

3. Coupez dans les tranches de jambon 8 morceaux de la même taille. Dans un bol, mélangez le roquefort et la crème fraîche, salez et poivrez.

4. Sur une plaque de cuisson recouverte de papier sulfurisé, superposez 1 carré de feuilletage et 1 carré de jambon. Tartinez avec la crème de roquefort. Recommencez deux fois l'opération en terminant par 1 carré de pâte feuilletée. Réalisez ainsi 3 autres mille-feuilles.

5. Battez le jaune d'œuf avec 1 cuillerée à café d'eau. Dorez les mille-feuilles et saupoudrez de graines de sésame.

6. Enfournez et faites cuire 20 minutes.

# BEIGNETS DE CABILLAUD
## *façon fish & chips*

**Pour 4 personnes**
**Préparation : 15 min**
**Cuisson : 20 min**
**Repos : 1 h**

300 g de dos de cabillaud
1 kg de pommes de terre
Sel
Huile végétale
pour la friture

Pâte à beignets :
125 g de farine
1 sachet de levure chimique
1 œuf
15 cl de lait
1 pincée de sel

1. Épluchez et lavez les pommes de terre. Coupez-les en frites et gardez-les dans l'eau pour éviter qu'elles noircissent.

2. Préparez la pâte à beignets (voir recette p. 48).

3. Faites chauffer l'huile de friture.

4. Coupez le dos de cabillaud en 4 morceaux. Déposez-les sur du papier absorbant.

5. Égouttez les frites et séchez-les dans un torchon propre. Plongez-les dans l'huile bouillante pendant 7 à 8 minutes. Égouttez-les. Plongez-les une seconde fois dans l'huile pendant 4 à 5 minutes. Déposez-les sur du papier absorbant et salez selon votre goût.

6. Trempez les morceaux de poisson dans la pâte à beignets et faites-les frire aussitôt dans l'huile chaude jusqu'à ce qu'ils soient bien dorés. Égouttez-les sur du papier absorbant.

7. Servez les beignets bien chauds avec les frites. Accompagnez d'une sauce aigre-douce épicée.

Réformes laitières
laitière laisse peu de
dans les vaches
Montbéliardes. Les

# BEIGNETS DE CAMEMBERT
## *au sésame et au pavot*

**Pour 4 personnes**
**Préparation : 20 min**
**Cuisson : 5 min**
**Repos : 1 h**

1 camembert
6 belles poignées de roquette
½ pomme
Quelques noisettes concassées
3 cuillerées à soupe d'huile de noisette
1 cuillerée à soupe de vinaigre de framboise
Huile de friture
Sel et poivre

Pâte à beignets :
125 g de farine
1 sachet de levure chimique
1 œuf
15 cl de lait
1 cuillerée à café de graines de pavot
1 cuillerée à café de graines de sésame
1 pincée de sel

1. Préparez la pâte à beignets : dans un saladier, mélangez la farine, la levure, les graines de pavot et de sésame et le sel. Dans un autre saladier, battez le lait avec l'œuf. Versez ce mélange sur la farine et fouettez le tout afin d'obtenir une pâte lisse et homogène. Placez le saladier 1 heure au réfrigérateur.

2. Faites chauffer l'huile de friture.

3. Lavez la roquette. Coupez la pomme en petits dés.

4. Dans un saladier, mélangez la roquette, les dés de pomme et les noisettes. Assaisonnez d'huile de noisette et de vinaigre de framboise. Salez et poivrez.

5. Coupez le camembert en 8 parts. Trempez-les dans la pâte à beignets. Plongez-les aussitôt dans l'huile bouillante et laissez frire 4 à 5 minutes. Égouttez-les sur du papier absorbant.

6. Dégustez vos beignets de camembert avec la salade de roquette.

# RILLETTES DE SAUMON
## *aux fines herbes*

**Pour 6 personnes • Préparation : 15 min • Cuisson : 5 min**

200 g de saumon fumé • 200 g de saumon frais • 150 g de crème fraîche épaisse • 5 tiges de ciboulette • 5 brins de coriandre • 5 brins de persil plat • 1 cuillerée à café de baies roses • 1 cuillerée à soupe d'huile d'olive • Sel et poivre

1. Coupez le saumon frais en lanières de taille moyenne. Faites-les cuire dans une poêle antiadhésive avec l'huile d'olive 5 minutes à feu doux. Laissez-les refroidir sur une feuille de papier absorbant.

2. Lavez et séchez les herbes.

3. Mixez le saumon fumé avec la crème fraîche, les herbes, les baies roses, 1 cuillerée à café de sel et 1 pincée de poivre.

4. Écrasez le saumon cuit à la fourchette puis incorporez-le à la préparation mixée.

5. Déposez les rillettes dans une terrine et réservez au réfrigérateur.

# GUACAMOLE

**Pour 8 personnes • Préparation : 10 min • Cuisson : 1 h**
6 avocats bien mûrs • 2 citrons • 2 cuillerées à café de piment doux •
1 cuillerée à café de poudre de piment fort • Sel et poivre

1. Pressez les citrons.

2. Coupez les avocats en deux, épluchez-les et ôtez les noyaux. Coupez la chair en morceaux et déposez-la dans le bol d'un mixeur.

3. Ajoutez le jus des citrons et la poudre de piment, salez et poivrez.

4. Mixez jusqu'à l'obtention d'une préparation lisse et onctueuse. Filmez et réservez 1 heure au réfrigérateur.

# SALADE ITALIENNE
## *au parmesan*

**Pour 4 personnes**
**Préparation : 15 min**
**Cuisson : 8 à 10 min**

150 g de pâtes penne rigate
100 g de roquette
250 g de tomates cerises
2 oignons nouveaux
100 g de parmesan vieux
2 brins de basilic
4 cuillerées à soupe d'huile d'olive
2 cuillerées à soupe de vinaigre balsamique
Sel et poivre

1. Faites cuire les pâtes dans une casserole d'eau bouillante salée selon le temps mentionné sur le paquet (environ 8 à 10 minutes).

2. Pendant ce temps, lavez la roquette et les tomates cerises. Épluchez et émincez les oignons. Hachez le basilic (réservez quelques feuilles pour la déco). Égouttez-les pâtes et passez-les sous l'eau froide.

3. Dans un bol, mélangez l'huile, le vinaigre, les oignons, le basilic, du sel et du poivre.

4. Dans un saladier, mélangez les pâtes, les tomates et la roquette. Ajoutez la vinaigrette et mélangez.

5. À l'aide d'un économe, prélevez des copeaux de parmesan au-dessus de la salade. Décorez de feuilles de basilic.

# ŒUFS COCOTTE
## *aux poivrons grillés*

**Pour 8 personnes**
**Préparation : 20 min**
**Cuisson : 25 min**

16 œufs extra-frais
4 poivrons rouges
16 cuillerées à soupe de crème fraîche épaisse
8 brins de persil
Poudre de piment d'Espelette
Sel et poivre

1. Préchauffez le four à 200 °C (th. 6-7).

2. Rincez les poivrons et placez-les sur la grille du four. Enfournez et faites cuire 20 minutes en les retournant régulièrement : la peau doit boursoufler.

3. À la sortie du four, enfermez les poivrons dans un sac plastique (type congélation) et laissez-les ainsi refroidir.

4. Pelez et épépinez les poivrons puis coupez-les en lanières. Salez et poivrez.

5. Effeuillez et hachez le persil.

6. Dans le fond de 8 caquelons, déposez 2 cuillerées à soupe de crème fraîche. Cassez délicatement 2 œufs par-dessus. Ajoutez quelques lanières de poivron, 1 pincée de poudre de piment d'Espelette, du poivre et un peu de persil.

7. Enfournez et faites cuire 5 minutes. Dégustez-les aussitôt.

# PLATS

# ARTICHAUTS FARCIS
## à la provençale

**Pour 6 personnes**
**Préparation : 25 min**
**Cuisson : 45 min**

6 artichauts
600 g de chair à saucisse
2 tomates
1 bouquet de basilic
1 gousse d'ail
100 g de mozzarella
50 g de parmesan râpé
1 œuf
1 cuillerée à soupe d'herbes de Provence
Le jus de 1 citron
Sel et poivre

1. Préchauffez le four à 200 °C (th. 6-7).

2. Lavez les artichauts et supprimez les feuilles les plus dures. Faites-les cuire 20 minutes dans un grand volume d'eau bouillante citronnée et salée.

3. Pendant ce temps, lavez les tomates, coupez-les en petits dés. Lavez et hachez le basilic. Pelez et hachez l'ail. Taillez la mozzarella en petits cubes.

4. Dans un saladier, mélangez la chair à saucisse, les tomates, la mozzarella et le parmesan. Ajoutez les herbes de Provence, salez et poivrez. Incorporez l'œuf, le basilic et l'ail.

5. Égouttez les artichauts et recoupez le haut des feuilles. Ôtez le centre et le foin à l'aide d'un couteau en veillant à ne pas abîmer le cœur.

6. Garnissez les artichauts de farce et déposez-les dans un plat. Enfournez et faites cuire 20 à 25 minutes.

# PENNE ALL'ARRABBIATA

**Pour 8 personnes**
**Préparation : 15 min**
**Cuisson : 15 min**

800 g de penne rigate
8 tomates
2 petits piments rouges frais
1 petit bouquet de basilic
2 gousses d'ail
80 g de parmesan
4 cuillerées à soupe d'huile d'olive
Sel et poivre

1. Plongez les tomates 20 secondes dans une casserole d'eau bouillante. Égouttez-les, pelez-les et coupez-les en dés.

2. Pelez et hachez les gousses d'ail. Effeuillez et hachez le basilic.

3. Coupez les piments en deux, épépinez-les et hachez-les au couteau.

4. Dans une sauteuse, faites revenir l'ail et les tomates avec l'huile d'olive 10 minutes à feu moyen. Ajoutez les piments hachés, salez et poivrez.

5. Pendant la cuisson de la sauce, faites cuire les penne rigate 8 à 10 minutes dans une casserole d'eau bouillante salée.

6. Égouttez les pâtes et mélangez-les à la sauce.

7. Servez les pâtes bien chaudes parsemées de copeaux de parmesan et de basilic.

# GRATIN DE POMMES DE TERRE
## *et panais à la pancetta*

**Pour 8 personnes**
**Préparation : 20 min**
**Cuisson : 45 min**

1 kg de pommes de terre
1 kg de panais
300 g de pancetta
300 g de comté râpé
40 cl de crème liquide entière
2 litres de lait
Muscade
2 branches de thym
Sel et poivre

1. Préchauffez le four à 180 °C (th. 6).

2. Épluchez et lavez les pommes de terre et les panais. Coupez-les en tranches fines.

3. Placez les légumes dans une casserole. Ajoutez le lait et 1 pincée de sel. Portez à ébullition pendant 5 minutes puis égouttez les légumes. Déposez-les dans un plat à gratin.

4. Disposez les tranches de pancetta au centre des légumes. Arrosez de crème liquide. Assaisonnez de sel, poivre et noix de muscade râpée. Effeuillez le thym et parsemez de comté râpé.

5. Enfournez et faites cuire 35 à 40 minutes. Dégustez bien chaud.

# ALIGOT

**Pour 6 personnes • Préparation : 20 min • Cuisson : 30 min**

1,5 kg de pommes de terre • 600 g de tomme fraîche • 1 gousse d'ail pressée • 300 g de crème fraîche épaisse • Sel et poivre

1. Épluchez les pommes de terre et faites-les cuire 20 minutes à l'eau.

2. Coupez la tomme en fines lamelles.

3. Égouttez les pommes de terre et écrasez-les au presse-purée.

4. Déposez la purée dans une cocotte, mélangez avec la crème, l'ail, du sel et du poivre. À feu doux, ajoutez la tomme en remuant vigoureusement, sans discontinuer et toujours dans le même sens, jusqu'à ce que l'aligot se détache des parois. Il doit filer en formant un ruban, qui se coupe avec des ciseaux.

PLATS

# SOUFFLÉ AU COMTÉ

**Pour 6 personnes • Préparation : 20 min • Cuisson : 40 min**

6 œufs • 230 g de comté fraîchement râpé • 2 pincées de noix de muscade râpée • 60 g de farine • 60 cl de lait entier • 75 g de beurre + pour le moule • Sel et poivre

1. Dans une casserole, faites fondre le beurre à feu doux, versez la farine en pluie et mélangez vigoureusement au fouet. Sans cesser de remuer, versez le lait en filet. Continuez à mélanger jusqu'à épaississement de la béchamel. Salez, poivrez. Ajoutez la noix de muscade et le fromage. Laissez refroidir et réservez.

2. Beurrez un moule à soufflé. Préchauffez le four à 210 °C (th. 7).

3. Séparez les blancs des jaunes d'œufs. Introduisez les jaunes dans la préparation précédente. Montez les blancs en neige et, lorsque la béchamel est refroidie, incorporez-les délicatement.

4. Versez l'appareil dans le moule, enfournez et faites cuire 40 minutes à 180 °C (th. 6).

# MOUCLADE
## aux petits légumes

**Pour 4 personnes**
**Préparation : 15 min**
**Cuisson : 10 min**

3 litres de moules
300 g de petits pois écossés (frais ou surgelés)
2 tomates
1 poivron jaune
1 poivron rouge
1 oignon
1 verre de vin blanc sec
3 cuillerées à soupe de crème liquide entière
2 pincées de poudre de piment d'Espelette
Sel et poivre

1. Lavez et grattez soigneusement les moules.
2. Lavez les tomates et les poivrons puis coupez-les en petits dés.
3. Pelez et hachez l'oignon.
4. Placez les moules dans une grande sauteuse. Ajoutez les dés de légumes, les petits pois et l'oignon. Versez le vin blanc et assaisonnez de sel, poivre et de poudre de piment d'Espelette. Faites cuire à feu vif 8 minutes en secouant de temps en temps la sauteuse pour que les moules cuisent uniformément.
5. Versez la crème liquide et poursuivez la cuisson 2 minutes. Remuez à nouveau et servez bien chaud.

# POIVRONS FARCIS *végétariens*

PLATS

**Pour 8 personnes**
**Préparation : 30 min**
**Cuisson : 50 min**

4 poivrons rouges
4 poivrons jaunes
2 aubergines
4 courgettes
4 tomates
100 g de raisins secs
2 gousses d'ail dégermées
2 oignons rouges émincés
12 cuillerées à soupe d'huile d'olive
1 cuillerée à soupe d'herbes de Provence
Sel et poivre

1. Faites tremper les raisins secs dans un bol d'eau tiède.

2. Ôtez le pédoncule des poivrons, coupez-les en deux dans le sens de la hauteur et supprimez les pépins et les membranes blanches. Détaillez les aubergines, les courgettes et les tomates en petits dés.

3. Dans une cocotte, faites revenir les oignons avec l'huile d'olive 3 minutes sur feu moyen. Ajoutez les dés d'aubergines et les gousses d'ail.

4. Ajoutez les dés de tomates et de courgettes, les raisins secs égouttés, du sel et du poivre. Versez un petit verre d'eau puis saupoudrez d'herbes de Provence. Couvrez et laissez cuire sans remuer pendant 20 minutes à feu doux.

5. Préchauffez le four à 160 °C (th. 5-6). Ôtez le couvercle de la cocotte et continuez la cuisson jusqu'à évaporation complète du liquide.

6. Garnissez les demi-poivrons de ratatouille. Disposez-les ainsi farcis dans un plat allant au four et faites cuire 30 minutes.

# BOULETTES D'AGNEAU
## et semoule aux herbes

**Pour 4 personnes**
**Préparation : 15 min**
**Cuisson : 10 min**

300 g de viande d'agneau hachée
400 g de semoule
1 oignon
1 gousse d'ail
1 bouquet de coriandre
1 petit bouquet de persil plat
1 cuillerée à café de cumin en grains
1 cuillerée à café de curcuma
1 pincée de piment d'Espelette
Huile d'olive
Sel et poivre

1. Épluchez et hachez l'ail et l'oignon. Lavez et hachez la coriandre et le persil.

2. Dans un saladier, mélangez la viande hachée, l'ail, l'oignon, la moitié de la coriandre et les épices. Salez et poivrez. Façonnez des boulettes de petite taille.

3. Dans une sauteuse, faites chauffer 2 cuillerées à soupe d'huile d'olive puis faites cuire les boulettes 10 minutes à feu doux en les tournant régulièrement.

4. Pendant ce temps, faites cuire la semoule selon les indications du paquet.

5. Mélangez le persil et le reste de coriandre à la semoule cuite. Arrosez-la d'un filet d'huile d'olive.

6. Dégustez les boulettes bien chaudes avec la semoule aux herbes.

# PAPILLOTES DE COLIN
## *aux agrumes*

**Pour 4 personnes • Préparation : 10 min • Cuisson : 20 min**

600 g de colin • 2 pamplemousses • 2 oranges • Le jus de 1 citron vert • 150 g de mesclun • 1 cuillerée à café de poudre de piment d'Espelette • Huile d'olive • Sel et poivre

PLATS

*1.* Préchauffez le four à 200 °C (th. 6-7).

*2.* Découpez le colin en 4 morceaux. Placez chaque morceau sur un rectangle de papier sulfurisé. Arrosez d'un filet d'huile d'olive et de jus de citron vert. Salez et poivrez.

*3.* Pelez les agrumes à vif et coupez-les en tranches. Répartissez-les dans les papillotes.

*4.* Saupoudrez le poisson d'une pincée de poudre de piment d'Espelette puis refermez les papillotes. Enfournez et faites cuire 20 minutes.

*5.* Servez vos papillotes sur un lit de mesclun.

# PAPILLOTES DE PINTADE
## *à la moutarde ancienne*

**Pour 4 personnes • Préparation : 10 min • Cuisson : 45 min**

4 cuisses de pintade • 4 cuillerées à soupe rases de moutarde à l'ancienne • 2 oignons cébettes • 1 tête d'ail • Quelques branches • de thym • Quelques branches de romarin • 40 g de beurre • Sel et poivre

1. Préchauffez le four à 220 °C (th. 7-8).

2. Pelez et émincez les oignons.

3. Placez chaque cuisse de pintade sur 1 feuille de papier cuisson. Étalez dessus 1 cuillerée à soupe de moutarde à l'aide d'un pinceau. Ajoutez dans chaque papillote 2 gousses d'ail en chemise ainsi qu'une branche de thym et de romarin ; salez et poivrez. Posez 1 noix de beurre sur chaque cuisse garnie. Refermez bien hermétiquement les papillotes. Enfournez et faites cuire 45 minutes en surveillant la cuisson.

4. Ouvrez les papillotes et servez-les aussitôt dans les assiettes. Accompagnez de pommes de terre grenaille.

# PIZZAS-CHAUSSONS
## au romarin

**Pour 8 personnes**
**Préparation : 30 min**
**Repos : 1 h**
**Cuisson : 10 min**

500 g de farine
8 tranches de jambon de Parme coupées en dés
4 tomates épépinées et coupées en dés
4 boules de mozzarella
4 cuillerées à soupe de romarin
1 sachet de levure déshydratée de boulanger
25 cl d'eau tiède
Huile d'olive
Fleur de sel
1 pincée de sel

1. Déposez la farine dans un saladier et formez un puits. Versez-y la levure, la pincée de sel puis l'eau tiède. Mélangez les ingrédients à la main puis pétrissez la pâte pendant 5 minutes. Arrosez d'un filet d'huile d'olive et pétrissez encore 5 minutes. Laissez reposer la pâte 1 heure minimum sous un torchon.

2. Préchauffez le four à 250 °C (th. 8-9). Coupez la mozzarella en dés.

3. Pétrissez une dernière fois la pâte puis étalez-la sur le plan de travail. Découpez 8 cercles de pâte à l'aide d'un grand emporte-pièce et placez-les sur une plaque de cuisson huilée.

4. Sur la partie inférieure des cercles de pâte, répartissez les dés de mozzarella. Ajoutez les dés de tomate et de jambon puis saupoudrez de romarin. Refermez chaque pizza sur elle-même comme un chausson et soudez les bords avec les doigts. Arrosez d'un filet d'huile d'olive et saupoudrez de fleur de sel.

5. Enfournez les pizzas et faites cuire 10 minutes. Dégustez-les bien chaudes avec une salade de roquette.

# CONCHIGLIONI FARCIS
## *au brocciu, pignons & olives*

PLATS

**Pour 4 personnes**
**Préparation : 10 min**
**Cuisson : 12 min**

12 à 16 pâtes conchiglioni
250 g de fromage frais type brocciu
50 g d'olives vertes dénoyautées
2 cuillerées à soupe de pignons de pin
2 cuillerées à café de sarriette ou d'origan
Huile d'olive
Sel et poivre

1. Plongez les conchiglioni dans une casserole d'eau bouillante salée et faites-les cuire de manière à ce qu'ils demeurent *al dente* (8 minutes environ : trop cuites, les pâtes se tiendraient mal pour cette recette). Égouttez-les.

2. Faites revenir les pâtes 1 minute dans la casserole avec un filet d'huile puis disposez-les sur un plat.

3. Dans un saladier, écrasez la brousse à la fourchette.

4. Coupez les olives en rondelles.

5. Dans une poêle antiadhésive, faites griller à sec les pignons de pin 3 minutes à feu doux.

6. Mélangez les olives et les pignons à la brousse. Poivrez et mélangez à nouveau.

7. Garnissez les conchiglioni de farce à la brousse. Salez, poivrez, arrosez légèrement d'huile et saupoudrez de sarriette.

8. Dégustez les pâtes farcies froides accompagnées d'une salade de roquette.

# TOMATES FARCIES

**Pour 4 personnes**
**Préparation : 20 min**
**Cuisson : 1 h 10**

8 tomates cœur de bœuf
Beurre
Sel et poivre

Farce :
300 g de viande de bœuf hachée
2 tranches de jambon blanc
200 g de chair à saucisse
3 gousses d'ail hachées
1 œuf
2 tranches de pain de mie
1 bouquet de persil plat haché
2 cuillerées à soupe d'huile d'olive

PLATS

1. Préchauffez le four à 180 °C (th. 6).

2. Lavez les tomates et coupez un chapeau. Évidez délicatement la chair et détaillez-la en petits dés. Égouttez-les dans une passoire, saupoudrés d'un peu de sel.

3. Ôtez le gras du jambon et coupez les tranches en petits dés.

4. Prélevez la mie du pain et coupez-la en petits morceaux.

5. Dans un saladier, mélangez les ingrédients de la farce et les dés de tomate. Salez et poivrez.

6. Garnissez l'intérieur des tomates avec cette farce puis recouvrez avec les chapeaux.

7. Placez les tomates farcies dans un plat allant au four, bien serrées les unes contre les autres. Ajoutez 1 noix de beurre sur chaque chapeau et versez 1 verre d'eau dans le plat. Enfournez et laissez cuire 30 minutes puis baissez à 160 °C (th. 5-6) et continuez la cuisson 40 minutes.

# PETIT SALÉ AUX LENTILLES *du Puy*

PLATS

**Pour 6 personnes**
**Préparation : 30 min**
**Trempage : 3 h 30**
**Cuisson : 1 h 40**

1,2 kg de porc demi-sel (jarret, travers, poitrine, palette...)
6 saucisses de Montbéliard
500 g de lentilles vertes du Puy
3 carottes coupées en morceaux
1 oignon
1 gousse d'ail
1 gros bouquet garni
1 clou de girofle
Sel et poivre

## Astuce

Pour éviter que les lentilles éclatent, attendez la fin de la cuisson pour saler.

1. Faites tremper le porc demi-sel 3 heures dans un grand récipient d'eau froide, en changeant l'eau une fois.

2. Dans un autre plat, faites tremper les lentilles 30 minutes dans de l'eau froide.

3. Placez la viande dans un faitout. Couvrez d'eau froide et portez à ébullition en écumant régulièrement. Baissez le feu et laissez frémir 1 heure en continuant à écumer si nécessaire. Au bout de ce temps, ajoutez les saucisses de Montbéliard et poursuivez la cuisson encore 20 minutes.

4. Égouttez les lentilles et versez-les dans une cocotte avec les carottes, l'oignon piqué du clou de girofle, l'ail et le bouquet garni. Couvrez avec 1 litre d'eau. Portez à ébullition et laissez frémir 5 minutes. Ajoutez les viandes égouttées ainsi que 3 louches de leur eau de cuisson. Continuez la cuisson de l'ensemble 10 minutes supplémentaires. Salez et poivrez à votre convenance.

# BRANDADE DE MORUE

**Pour 6 personnes**
**Préparation : 30 min**
**Repos : 24 h**
**Cuisson : 20 min**

1 kg de morue
2 gousses d'ail pressées
2 pincées de noix de muscade râpée
1 bouquet garni
Le jus de 1 citron
20 cl de lait entier
25 cl d'huile d'olive
Poivre

1. La veille, passez la morue sous l'eau pour éliminer le gros du sel. Faites dessaler dans une bassine d'eau fraîche pendant 24 heures en renouvelant l'eau quatre fois.

2. Le jour même, taillez la morue en morceaux et déposez dans une casserole. Couvrez d'eau avec un bouquet garni. À la première ébullition, retirez du feu et laissez pocher 10 minutes feu éteint. Égouttez. Retirez les arêtes mais pas la peau. Effeuillez la morue.

3. Faites tiédir l'huile et le lait dans deux casseroles distinctes. Déposez la morue dans une autre cocotte avec 2 cuillerées à soupe d'huile tiédie. Sur feu doux, travaillez à la cuillère en bois la morue et l'huile, de manière à incorporer cette dernière et à écraser le poisson. Lorsque l'huile est absorbée, ajoutez le lait tout en continuant à travailler la morue. Lorsque l'on ne distingue plus les morceaux de morue et que tout le liquide est incorporé, assaisonnez avec le jus de citron, l'ail, la noix de muscade et du poivre.

4. Servez la brandade chaude ou froide sur des tranches de pain grillé.

# LASAGNES
## aux trois fromages

**Pour 4 personnes**
**Préparation : 10 min**
**Cuisson : 45 min**

300 g de pâtes à lasagnes
200 g de gorgonzola
200 g de gruyère râpé
2 boules de mozzarella
1 litre de coulis
de tomates nature
2 cuillerées à soupe
d'huile d'olive
Sel et poivre

1. Préchauffez le four à 200 °C (th. 6-7).

2. Coupez le gorgonzola et la mozzarella en morceaux.

3. Versez l'huile d'olive dans un plat allant au four et tapissez le fond de pâtes à lasagnes. Ajoutez 4 à 6 cuillerées à soupe de coulis de tomates puis les morceaux de gorgonzola. Poivrez légèrement.

4. Disposez une nouvelle couche de pâtes et recouvrez de 4 à 6 cuillerées à soupe de coulis de tomates. Ajoutez les morceaux de mozzarella. Salez et poivrez légèrement.

5. Disposez une dernière couche de pâtes, versez le coulis de tomates restant et parsemez de gruyère râpé. Poivrez légèrement.

6. Enfournez et faites cuire 45 minutes. Servez bien chaud.

# NOUILLES SAUTÉES
## *aux brocolis*

**Pour 8 personnes**
**Préparation : 10 min**
**Cuisson : 15 min**

800 g de linguine
2 brocolis
12 champignons de Paris
2 oignons blanc émincés
100 g de pignons de pin
1 cuillerée à soupe de gingembre frais râpé
2 cuillerées à café de sauce soja
Huile d'olive
Sel et poivre

1. Détaillez les brocolis, lavez-les et faites-les cuire 5 minutes dans une casserole d'eau bouillante salée.

2. Supprimez le pied des champignons ; épluchez-les et émincez-les finement.

3. Dans une poêle antiadhésive, faites revenir les champignons et les oignons avec 1 cuillerée à soupe d'huile 2 minutes à feu moyen. Ajoutez le gingembre et la sauce soja. Poivrez. Laissez cuire 10 minutes. Ajoutez les brocolis en toute fin de cuisson.

4. Pendant ce temps, plongez les pâtes dans une casserole d'eau bouillante salée et laissez cuire selon le temps mentionné sur le paquet. Égouttez-les.

5. Dans une poêle antiadhésive, torréfiez à sec les pignons. Débarrassez sur une assiette.

6. Dans la poêle, faites revenir les pâtes avec 1 cuillerée à soupe d'huile d'olive 5 minutes sur feu vif. Ajoutez les légumes et les pignons. Mélangez et servez aussitôt.

# TIAN *provençal*

**Pour 8 personnes • Préparation : 15 min • Cuisson : 1 h**

8 tomates charnues • 4 courgettes • 2 aubergines • 2 gousses d'ail • Herbes de Provence • Huile d'olive • Sel et poivre

*1.* Préchauffez le four à 160 °C (th. 5-6).

*2.* Lavez et essuyez les légumes puis coupez-les en rondelles (ôtez le pédoncule des tomates et l'extrémité des courgettes et des aubergines).

*3.* Pelez et hachez les gousses d'ail.

*4.* Dans un plat allant au four, disposez les rondelles de légumes en les intercalant et en les serrant bien. Arrosez-les d'huile d'olive et parsemez-les d'ail et d'herbes de Provence. Salez et poivrez.

*5.* Enfournez le tian et faites cuire 1 heure. Servez dès la sortie du four.

## *Astuce*

Intercalez quelques tranches de chorizo fort entre les légumes pour surprendre vos convives.

# FETTUCCINE
## sauce minute

**Pour 4 personnes • Préparation : 5 min • Cuisson : 3 min**

300 g de pâtes fettuccine fraîches • 3 tomates bien mûres • 1 gousse d'ail • 1 petit bouquet de basilic • 50 g de parmesan • Huile d'olive • Sel et poivre

1. Préparez la sauce minute : lavez les tomates et ôtez le pédoncule. Pelez l'ail. Lavez le basilic.

2. Mixez les tomates avec l'ail, le basilic, 1 pincée de sel et de poivre et 1 belle cuillerée à soupe d'huile d'olive afin d'obtenir une sauce bien lisse.

3. Plongez les pâtes dans une grande casserole d'eau bouillante salée et faites-les cuire 3 minutes.

4. Égouttez-les soigneusement et déposez-les dans un saladier.

5. Versez la sauce minute sur les pâtes et ajoutez des copeaux de parmesan prélevés à l'économe. Servez aussitôt.

# GRATIN DAUPHINOIS

**Pour 6 personnes**
**Préparation : 20 min**
**Cuisson : 2 h**

1,2 kg de pommes de terre à chair ferme
1 gousse d'ail
1 pincée de noix de muscade râpée
50 cl de lait entier
50 cl de crème liquide
1 noisette de beurre
Sel et poivre

1. Épluchez les pommes de terre, rincez-les et séchez-les convenablement dans un torchon. Coupez-les en rondelles de 3 mm d'épaisseur. À ce stade, ne passez plus les pommes de terre sous l'eau, cela risquerait de retirer l'amidon nécessaire à la liaison du gratin.

2. Préchauffez le four à 150 °C (th. 5).

3. Épluchez l'ail et frottez-en un plat à bord haut allant au four puis beurrez.

4. Rangez les pommes de terre par couches successives en prenant soin de saler, de poivrer et d'assaisonner de noix de muscade. Répétez jusqu'à épuisement des rondelles. Veillez à ne pas remplir le plat à ras bord pour éviter les débordements pendant la cuisson. Recouvrez les pommes de terre du mélange de crème et de lait.

5. Enfournez et faites cuire 2 heures.

# AIGUILLETTES
## *de dinde à l'orientale*

PLATS

**Pour 8 personnes**
**Préparation : 20 min**
**Cuisson : 20 min**

1,2 kg de filets de dinde
8 tomates
2 poivrons rouges
2 oignons hachés
2 gousses d'ail hachées
8 brins de coriandre
1 cuillerée à soupe de cumin en grains
1 cuillerée à soupe de ras-el-hanout
2 cuillerée à soupe d'huile d'olive
Sel et poivre

1. Détaillez les filets de dinde en aiguillettes.

2. Lavez la coriandre, réservez quelques feuilles pour la déco et hachez le reste.

3. Lavez les tomates et les poivrons puis coupez-les en cubes.

4. Dans une poêle, faites chauffer l'huile d'olive puis faites revenir les aiguillettes de dinde de tous côtés sur feu vif avec l'oignon et l'ail, le cumin, le ras-el-hanout et la coriandre hachée. Salez et poivrez.

5. Ajoutez les cubes de tomates et poivrons. Mélangez et continuez la cuisson 15 minutes à feu moyen.

6. Servez la préparation très chaude décorée de coriandre.

# ENDIVES AU JAMBON

**Pour 6 personnes**
**Préparation : 25 min**
**Cuisson : 15 à 20 min**

12 belles endives
12 grandes tranches de jambon blanc découenné
300 g d'emmental râpé
5 belles pincées de noix de muscade râpée
100 g de farine
1,5 litre de lait
100 g de beurre + un peu pour le plat
Sel et poivre

1. Supprimez les premières feuilles des endives et évidez la base en cône. Faites cuire les endives 10 minutes à la vapeur. Vérifiez la cuisson avec la lame d'un couteau.

2. Préparez la béchamel. Faites fondre le beurre. Lorsqu'il mousse, ajoutez la farine et mélangez au fouet. Ajoutez le lait progressivement sans cesser de fouetter. Faites épaissir la béchamel sur feu doux. Incorporez la moitié du fromage râpé, assaisonnez de noix de muscade, salez et poivrez.

3. Préchauffez le four à 210 °C (th. 7).

4. Enroulez chaque endive dans une tranche de jambon. Versez une fine couche de béchamel dans un plat préalablement beurré. Disposez les endives tête-bêche dans le plat. Nappez du reste de béchamel et parsemez le reste de fromage râpé.

5. Enfournez et faites cuire 15 à 20 minutes, le temps de gratiner la surface. Accompagnez de pommes de terre vapeur.

# PETITS FARCIS

**Pour 6 personnes**
**Préparation : 50 min**
**Cuisson : 50 min**

1 kg de veau haché
200 g de poitrine fumée hachée
2 œufs déliés
6 tomates
6 oignons blancs
3 courgettes rondes vertes
3 courgettes rondes jaunes
250 g de riz cuit
3 gousses d'ail pressées
80 g de parmesan fraîchement râpé
½ bouquet de persil plat ciselé
Les feuilles de quelques brins de thym frais
40 cl de bouillon de légumes
6 cuillerées à soupe d'huile d'olive
Sel et poivre



1. Portez une casserole d'eau à ébullition. Épluchez les oignons et faites-les blanchir 10 minutes. Égouttez. Coupez les chapeaux des oignons, des tomates et des courgettes. Creusez les légumes avec une petite cuillère. Hachez leur chair.

2. Préchauffez le four à 180 °C (th. 6).

3. Faites revenir les légumes quelques minutes dans une poêle avec 2 cuillerées à soupe d'huile d'olive et l'ail. Ajoutez le veau et la poitrine fumée. Faites rissoler le tout, salez et poivrez.

4. En dehors du feu, ajoutez à ce mélange le riz, le parmesan, les œufs, le persil plat et le thym. Garnissez les légumes de cette farce et déposez-les dans un plat, surmontez-les de leur chapeau, arrosez de 4 cuillerées à soupe d'huile d'olive et enfournez avec 20 cl de bouillon de légumes. Laissez au four 50 minutes en arrosant régulièrement de 20 cl de bouillon supplémentaire.

5. À déguster chaud, tiède ou à température ambiante.

# CORDONS BLEUS
## *aux tomates confites et à la mozzarella*

**Pour 8 personnes**
**Préparation : 10 min**
**Cuisson : 10 min**

8 escalopes de poulet
8 tranches de jambon fumé
24 tomates séchées
2 boules de mozzarella
Quelques feuilles de basilic
8 cuillerées à soupe de farine
8 cuillerées à soupe de chapelure fine
2 œufs
40 g de beurre demi-sel
4 cuillerées à soupe d'huile d'olive
Sel et poivre



1. Ouvrez les escalopes de poulet en portefeuille.

2. Coupez la mozzarella en fines rondelles.

3. Déposez 3 tomates séchées, 1 tranche de jambon, des rondelles de mozzarella et quelques feuilles de basilic sur une moitié de l'escalope. Rabattez l'autre moitié non garnie de façon à fermer l'escalope comme un sandwich.

4. Battez les œufs dans une assiette creuse. Déposez la farine et la chapelure dans deux autres assiettes.

5. Passez chaque escalope garnie dans la farine, dans l'œuf battu puis dans la chapelure.

6. Faites chauffer le beurre et l'huile dans une poêle puis faites cuire les cordons bleus 4 à 5 minutes de chaque côté sur feu vif. Servez-les bien chauds accompagnés d'une salade verte à l'huile de sésame grillé.

# RAMEN MINUTE

PLATS

**Pour 4 personnes**
**Préparation : 5 min**
**Cuisson : 10 min**

4 paquets de ramen instantanés
2 carottes
20 cm de poireau
8 champignons de Paris
4 œufs
4 cuillerées à soupe de sauce soja
4 oignons nouveaux
4 pincées de graines de sésame blanc torréfiées

1. Faites cuire les œufs 6 minutes dans une casserole d'eau bouillante. Plongez-les dans un bol d'eau froide puis écalez-les. Faites-les mariner dans la sauce soja.

2. Épluchez les carottes et émincez-les finement. Coupez le poireau en julienne.

3. Lavez les oignons et détaillez-les en fines rondelles. Pelez les champignons, ôtez le pied et coupez-les en lamelles.

4. Faites cuire les ramen dans une casserole d'eau bouillante selon le temps mentionné sur le paquet. Égouttez-les et déposez-les dans 4 bols. Ajoutez les carottes, le poireau, les oignons, les champignons et l'œuf coupé en deux. Parsemez de sésame doré et dégustez.

RAMEN
海鮮麺

# VAUTES
## *de pommes de terre*

**Pour 6 personnes • Préparation : 10 min • Cuisson : 8 min**

1,5 kg de pommes de terre • 4 œufs • 2 oignons hachés • ½ bouquet de persil plat ciselé • 2 cuillerées à soupe de farine • 2 cuillerées à soupe de crème épaisse • 4 cuillerées à soupe d'huile • Sel et poivre

PLATS

*1.* Épluchez, lavez et essuyez les pommes de terre. Râpez-les à l'aide d'une mandoline. Essorez et laissez égoutter.

*2.* Dans un grand saladier, déliez les œufs. Mélangez avec la crème, les oignons, le persil plat et la farine. Ajoutez les pommes de terre, salez, poivrez.

*3.* Faites chauffer l'huile dans une poêle. Déposez de petits tas d'une cuillerée à soupe de mélange dans la poêle chaude.

*4.* Faites cuire 4 minutes de chaque côté.

# WELSH

**Pour 6 personnes • Préparation : 10 min • Cuisson : 12 min**

6 tranches épaisses de pain de mie • 6 tranches de jambon blanc • 6 œufs (facultatif) • 600 g de cheddar • 20 cl de bière blonde • 2 cuillerées à soupe de moutarde • Poivre

1. Préchauffez le gril du four. Toastez les tranches de pain. Disposez chaque tranche dans un petit plat individuel et recouvrez d'une tranche de jambon.

2. Détaillez le cheddar en petits cubes et faites fondre à feu doux dans une casserole avec la bière. Ajoutez la moutarde hors du feu et poivrez (le fromage est suffisamment salé). Répartissez dans chaque plat et laissez gratiner 5 minutes sous le gril.

## Astuce

Certains n'hésitent pas à servir le welsh surmonté d'un œuf sur le plat !

# TACOS DE POULET PANÉ

**Pour 6 personnes**
**Préparation : 15 min**
**Cuisson : 10 min**

6 galettes de maïs ou de blé
6 filets de poulet
3 petites tomates
2 oignons blanc
100 g de laitue iceberg
1 œuf
40 g de farine
50 g de beurre
Chapelure
Sel et poivre

## Astuce

Accompagnez les tacos de guacamole (voir p. 51) et d'une sauce tomate épaisse pimentée.

PLATS

1. Coupez les filets de poulet en lamelles de taille moyenne.

2. Préparez 3 assiettes : versez la farine salée et poivrée dans l'une, l'œuf battu additionné d'une cuillerée à café d'eau tiède dans la deuxième et la chapelure dans la dernière. Passez les lamelles de poulet dans les trois assiettes successivement.

3. Faites fondre le beurre dans une poêle puis faites dorer les lamelles de poulet panées 2 minutes sur toutes les faces. Rectifiez l'assaisonnement si nécessaire.

4. Lavez la salade et taillez-la en lanières. Épluchez les oignons et coupez-les en rondelles. Pelez les tomates et débitez-les en petits dés.

5. Toastez légèrement les galettes puis placez-les sur le plan de travail. Déposez sur chacune un peu de salade, quelques lamelles de poulet, des rondelles d'oignon et des dés de tomate. Roulez les galettes sur elles-mêmes et dégustez aussitôt.

# FICELLE PICARDE

**Pour 6 personnes**
**Préparation : 40 min**
**Repos : 1 h**
**Cuisson : 10 min**

Pâte à crêpes :
250 g de farine
3 gros œufs
50 cl de lait
30 g de beurre fondu
et refroidi
6 cuillerées à soupe
d'huile pour la cuisson
des crêpes
1 pincée de sel

Garniture :
6 tranches de jambon blanc
500 g de champignons
de Paris hachés
150 g d'emmental râpé
4 échalotes hachées
10 cl de vin blanc sec
40 cl de crème fraîche épaisse
40 g de beurre
+ 20 g pour le moule
Sel et poivre

1. Dans un saladier, disposez la farine. Incorporez progressivement les œufs, le beurre et le sel. Continuez à mélanger en versant le lait en filet. Veillez à supprimer tous les grumeaux et laissez reposer la pâte 1 heure.

2. Faites chauffer une poêle légèrement huilée et faites cuire les crêpes. Réservez.

3. Faites chauffer le beurre dans une poêle et faites-y suer les échalotes 3 minutes. Ajoutez les champignons et le vin blanc. Salez, poivrez et laissez cuire à feu doux 15 minutes, jusqu'à évaporation du jus rendu par les champignons.

4. Préchauffez le four à 210 °C (th. 7).

5. Déposez la crêpe sur la face qui a cuit en premier et garnissez avec ½ tranche de jambon et 1 cuillerée à soupe de duxelles de champignons. Repliez légèrement le côté gauche de la crêpe sur la garniture, de même sur le côté droit puis enroulez la crêpe de bas en haut.

6. Déposez les crêpes dans un plat à gratin préalablement beurré, nappez de crème et parsemez de fromage râpé. Faites gratiner au four 10 minutes.

# RATATOUILLE

**Pour 6 personnes**
**Préparation : 30 min**
**Cuisson : 50 min**

6 tomates grappe
4 courgettes
2 belles aubergines
1 poivron rouge
1 poivron jaune
2 oignons émincés
3 gousses d'ail hachées
1 branche de thym
1 feuille laurier
7 cuillerées à soupe d'huile d'olive
Sel et poivre



*1.* Lavez et essuyez tous les légumes. Supprimez les graines et les membranes blanches des poivrons. Pelez et épépinez les tomates. Coupez tous les légumes en petits cubes de 1 cm de côté.

*2.* Dans une poêle, faites chauffer 2 cuillerées à soupe d'huile, faites revenir les aubergines 5 minutes. Réservez dans un plat.

*3.* Faites rissoler les courgettes 3 minutes dans la même poêle en ajoutant 1 cuillerée à soupe d'huile. Réservez dans le même plat que les aubergines et procédez de même avec les poivrons en les laissant cuire 4 minutes.

*4.* Dans une cocotte, faites chauffer 3 cuillerées à soupe d'huile, faites revenir les oignons pendant 3 minutes jusqu'à ce qu'ils soient translucides. Ajoutez les tomates et laissez cuire 3 minutes en mélangeant.

*5.* Ajoutez tous les légumes déjà revenus et laissez cuire 5 minutes à feu vif. Assaisonnez avec le thym, le laurier, du sel et du poivre. Couvrez, baissez le feu et laissez mijoter 20 minutes. Ajoutez l'ail, rectifiez l'assaisonnement si nécessaire et poursuivez la cuisson encore 10 minutes.

# TARTIFLETTE

**Pour 6 personnes • Préparation : 30 min • Cuisson : 20 min**

1 kg de pommes de terre • 200 g de lardons • 2 oignons blancs émincés • 1 ½ reblochon • 35 cl de vin blanc • Quelques pincées de noix de muscade • 3 cuillerées à soupe de crème fraîche • 20 g de beurre • Sel et poivre

PLATS

*1.* Épluchez les pommes de terre et coupez-les en gros cubes. Versez dans une casserole d'eau froide salée. Portez à ébullition et laissez frémir 10 minutes.

*2.* Faites suer les oignons dans le beurre pendant 5 minutes à feu moyen. Ajoutez les lardons et continuez la cuisson encore 5 minutes. Ajoutez les pommes de terre puis poursuivez la cuisson 5 minutes tout en mélangeant. Versez le vin blanc, ajoutez la noix de muscade et poivrez.

*3.* Préchauffez le four à 210 °C (th. 7).

*4.* Versez le mélange dans un plat à gratin huilé. Recouvrez de crème fraîche et déposez des lamelles de reblochon (avec la croûte). Enfournez pour 20 minutes de cuisson.

# GALETTES À L'ANDOUILLE *de Guémené*

**Pour 6 personnes • Préparation : 20 min • Repos : 1 h • Cuisson : 3 min par galette**

1 andouille de Guémené • 330 g de farine de blé noir • 10 g de sel •
1 œuf • 3 oignons • 10 g de beurre • 20 cl de crème liquide •
Quelques brins de ciboulette ciselés • Sel

1. Mélangez la farine avec 10 g de sel dans un saladier. Ajoutez progressivement 75 cl d'eau en fouettant. Lorsque la pâte est lisse, ajoutez l'œuf. Laissez reposer au frais au moins 1 heure.

2. Émincez les oignons. Faites-les suer dans une poêle avec 1 noisette de beurre. Ajoutez la crème liquide. Mélangez et réservez.

3. Beurrez légèrement une crêpière et versez un peu de pâte. Retournez la galette. Garnissez de quelques rondelles d'andouille, des oignons à la crème et de ciboulette ciselée. Faites cuire 3 minutes à feu doux. Repliez les bords de manière à présenter une crêpe carrée où l'on aperçoit la garniture au centre. Répétez l'opération jusqu'à épuisement de la pâte.

# AILES DE POULET *marinées*

**Pour 4 personnes**
**Préparation : 10 min**
**Marinade : 3 h**
**Cuisson : 15 min**

12 ailerons de poulet
1 tomate
2 gousses d'ail
2 oignons cébette
Quelques feuilles de coriandre
1 pincée de gingembre en poudre
1 cuillerée à café de cumin en poudre
Le jus de 1 citron vert
4 cuillerées à soupe d'huile d'olive
1 citron vert pour servir
Sel et poivre

1. Rincez et émincez les oignons cébette. Pelez, dégermez et hachez les gousses d'ail.

2. Plongez la tomate 15 secondes dans une casserole d'eau bouillante. Égouttez-la, pelez-la, épépinez-la et coupez-la en petits dés.

3. Dans un bol, déposez les dés de tomate, les oignons et l'ail. Ajoutez le gingembre, le cumin, l'huile, le jus de citron, du sel et du poivre.

4. Déposez les ailerons dans un plat creux et arrosez-les de marinade. Couvrez le plat de film alimentaire et placez-le 3 heures au réfrigérateur.

5. Préchauffez le four à 180 °C (th. 6).

6. Égouttez les ailerons marinés et placez-les sur une plaque de cuisson. Versez par-dessus la marinade. Enfournez et faites cuire 15 à 18 minutes.

7. Lavez et ciselez la coriandre. Pressez quelques gouttes de citron vert sur les ailerons cuits et parsemez de coriandre juste avant de servir.

# BOULETTES DE POULET
## au fenouil

PLATS

**Pour 4 personnes**
**Préparation : 10 min**
**Cuisson : 8 min**

400 g de blancs de poulet
2 bulbes de fenouil
1 cuillerée à soupe de graines de fenouil
50 g de farine
1 cuillerée à soupe d'huile de colza
2 cuillerées à soupe d'huile d'olive
1 cuillerée à soupe de vinaigre de vin
Sel et poivre

### Astuce

Vous pouvez remplacer les graines de fenouil par un mélange de ciboulette et d'ail.

1. Mixez rapidement la chair du poulet en ajoutant du sel, du poivre et les graines de fenouil.

2. Formez 12 boulettes avec le mélange obtenu. Roulez-les dans la farine (tapotez pour ôter l'excédent).

3. Dans une poêle antiadhésive, faites cuire les boulettes avec l'huile de colza 8 minutes à feu moyen en les retournant souvent afin qu'elles soient dorées.

4. Pendant ce temps, lavez et émincez finement le fenouil en gardant les petites feuilles vertes.

5. Dans un bol, émulsionnez l'huile d'olive avec le vinaigre. Salez et poivrez.

6. Dressez sur chaque assiette un petit lit de fenouil et arrosez-le de vinaigrette. Ajoutez par-dessus 3 boulettes de poulet. Dégustez aussitôt.

# NUGGETS DE POULET
## au curry



**Pour 6 personnes**
**Préparation : 35 min**
**Cuisson : 5 min**
**Marinade : 15 à 20 min**

6 filets de poulet
2 oignons nouveaux émincés
3 œufs
300 g de chapelure japonaise
1 cuillerée à soupe
de curry en poudre
5 cl d'huile d'olive
Huile de friture
Sel et poivre

Sauce :
4 tranches d'ananas
3 cuillerées à soupe
de yaourt
3 cuillerées à soupe
de crème fraîche
Le jus de 1 citron
1 cuillerée à soupe
de curry en poudre
Quelques feuilles
de menthe
Sel et poivre

1. Coupez les filets de poulet en lamelles.

2. Dans un saladier, mélangez l'huile d'olive, le curry et les oignons. Ajoutez les lamelles de poulet et mélangez le tout. Faites mariner 15 à 20 minutes au réfrigérateur.

3. Préparez la sauce : détaillez les tranches d'ananas en petits dés. Ciselez finement la menthe. Dans un bol, mélangez les dés d'ananas avec la crème fraîche, le yaourt, le jus de citron, le curry, du sel, au poivre et de la menthe. Filmez et réservez au frais.

4. Faites chauffer l'huile de friture.

5. Battez les œufs dans une assiette creuse. Versez la chapelure dans une autre assiette. Trempez les lamelles de poulet dans l'œuf battu puis roulez-les dans la chapelure. Plongez les lamelles de poulet panées dans l'huile bouillante jusqu'à ce qu'elles soient bien dorées. Égouttez-les sur du papier absorbant.

6. Assaisonnez les nuggets de sel et de poivre. Dégustez-les avec la sauce curry-ananas.

# RISOTTO DE COQUILLETTES
## *au parmesan*

**Pour 4 personnes**
**Préparation : 25 min**
**Cuisson : 25 min**

250 g de coquillettes semi-complètes
100 g de parmesan râpé
2 échalotes
9 feuilles de sauge
Le jus et le zeste de 1 citron
100 g de crème fraîche épaisse
1 litre de bouillon de poule chaud
20 g de beurre
10 cl d'huile d'olive
Sel et poivre

### *Astuce*

Pour ce risotto, n'utilisez pas de coquillettes de blé dur ou à cuisson rapide qui risquent de cuire trop vite et de faire une bouillie.

1. Pelez les échalotes et coupez-les en rondelles. Hachez la sauge.

2. Dans une sauteuse, faites revenir les échalotes avec l'huile et le beurre pendant 5 minutes à feu doux.

3. Ajoutez les coquillettes dans la sauteuse et mélangez-les bien à l'huile et au beurre fondu. Versez 1 louche de bouillon de poule chaud tout en remuant. Laissez les pâtes absorber le bouillon puis ajoutez le zeste de citron et la sauge hachée. Mélangez le tout. Poursuivez la cuisson pendant 20 minutes environ en versant le bouillon louche après louche comme pour un risotto classique (les pâtes doivent être *al dente*).

4. Hors du feu, ajoutez le parmesan, la crème fraîche et le jus de citron. Salez légèrement et poivrez. Mélangez le tout et servez sans attendre.

# SAUTÉ DE DINDE
## *aux champignons*

PLATS

**Pour 4 personnes**
**Préparation : 10 min**
**Cuisson : 15 min**

4 filets de dinde
600 g de champignons de Paris
3 cuillerées à soupe de crème fraîche épaisse
1 gousse d'ail
½ verre de vin blanc sec
4 cuillerées à soupe d'huile d'olive
Sel et poivre

1. Ôtez le pied des champignons. Épluchez-les et rincez-les rapidement sous un filet d'eau froide. Détaillez-les en fines lamelles.

2. Épluchez la gousse d'ail et coupez-la en petits dés.

3. Coupez les filets de dinde en gros cubes.

4. Dans une poêle antiadhésive, faites revenir les champignons avec 2 cuillerées à soupe d'huile d'olive jusqu'à évaporation totale de toute l'eau de végétation. Ajoutez l'ail et faites revenir 1 à 2 minutes.

5. Dans une autre poêle, faites revenir la viande avec le reste d'huile 5 minutes à feu vif. Salez et poivrez.

6. En fin de cuisson de la viande, déglacez la poêle avec le vin blanc et ajoutez la crème fraîche.

7. Mélangez les champignons à la viande et réchauffez le tout 3 minutes. Servez aussitôt.

# RÔTI DE DINDE
## *lardé*

**Pour 6 personnes • Préparation : 15 min • Cuisson : 1 h**

1 rôti de dinde de 1,4 kg • 10 tranches de poitrine fine • 2 échalotes hachées • 2 gousses d'ail frais • 2 branches de thym • 2 feuilles de laurier • Sel et poivre



1. Préchauffez le four à 240 °C (th. 8).

2. Lardez le rôti avec la poitrine fine. Déposez-le dans un plat allant au four. Poivrez-le de tous côtés ; ajoutez le thym, le laurier et les gousses d'ail coupées en deux. Versez 1 verre d'eau dans le fond du plat et couvrez le rôti de papier d'aluminium. Enfournez et faites cuire 20 minutes. Baissez ensuite la température du four à 170 °C (th. 5-6), retirez le papier d'aluminium et poursuivez la cuisson 40 minutes en arrosant régulièrement le rôti.

3. Coupez le rôti en tranches fines.

### Astuce

Servez ce rôti avec des endives braisées.

# CUISSES DE POULET *tandoori*

**Pour 6 personnes • Préparation : 20 min • Marinade : 2 à 4 h • Cuisson : 30 min**

6 cuisses de poulet • 2 yaourts nature • Le jus de 1 citron • 30 g de gingembre frais • 4 cuillerées à soupe d'épices tandoori • Sel et poivre

1. Dans un saladier, mélangez les yaourts et les épices tandoori.

2. Épluchez et hachez le gingembre. Ajoutez-le au yaourt. Salez et poivrez.

3. Incisez à plusieurs endroits les cuisses de poulet et badigeonnez-les de jus de citron. Enduisez-les avec la préparation au yaourt et laissez mariner ainsi au moins 2 heures (idéalement 4 heures) au réfrigérateur.

4. Allumez le barbecue. Lorsqu'il est bien chaud, faites griller les cuisses de poulet 30 minutes en les retournant régulièrement.

# MAQUEREAUX
## à la sauce soja et wasabi



**Pour 4 personnes**
**Préparation : 5 min**
**Marinade : 5 min**
**Cuisson : 7 min**

4 beaux maquereaux levés en filets
4 grappes de tomates cerises
3 ou 4 cuillerées à soupe de sauce soja
½ cuillerée à café de wasabi
1 filet d'huile d'olive
Sel et poivre

1. Préchauffez une plancha 10 minutes à puissance moyenne.

2. Dans un plat creux, mélangez la sauce soja avec le wasabi.

3. Ajoutez les filets de maquereau et laissez-les mariner 5 minutes à température ambiante.

4. Faites cuire les grappes de tomates cerises sur la plancha 5 minutes en les retournant régulièrement. Arrosez-les d'huile d'olive. Salez et poivrez.

5. Égouttez les filets en conservant la marinade et faites-les cuire 1 minute de chaque côté en les maintenant aplatis avec une spatule métallique au début de la cuisson pour éviter qu'ils ne vrillent en cuisant.

6. Ajoutez 1 cuillerée à café de marinade sur chaque filet juste avant de servir. Accompagnez d'une grappe entière de tomates cerises.

# SAUTÉ DE DINDE
## et courgettes en anchoïade

**Pour 4 personnes**
**Préparation : 10 min**
**Cuisson : 10 min**

4 escalopes de dinde (500 g environ)
4 petites courgettes rondes
8 filets d'anchois à l'huile
1 cuillerée à soupe d'huile d'olive
Sel et poivre

### Astuce

Vous pouvez préparer ce plat à l'avance et le servir froid accompagné de taboulé. Ajoutez alors des feuilles de menthe lors de la cuisson de la dinde.

1. Préchauffez une plancha 10 minutes à puissance maximale.
2. Lavez les courgettes et coupez les deux extrémités. Coupez-les en quatre puis en quartiers de 1 cm environ.
3. Égouttez les filets d'anchois et coupez-les en deux.
4. Coupez les escalopes en gros dés de 3 cm, salez, poivrez et mélangez-les dans un plat avec l'huile d'olive.
5. Faites cuire les dés de dinde et les courgettes à la plancha 5 minutes en les retournant régulièrement avec une spatule métallique.
6. Ajoutez les filets d'anchois et continuez la cuisson encore 5 minutes. Servez aussitôt.

# GNOCCHIS GRATINÉS
## *au cheddar*

PLATS

**Pour 4 personnes**
**Préparation : 25 min**
**Cuisson : 35 min**
**Repos : 20 min**

1 kg de pommes de terre
à purée type bintje
150 g de cheddar vieux
ou de gouda vieux
ou mimolette
300 g de farine tamisée
1 pincée de gros sel
Sel et poivre
Beurre ou huile d'olive
pour le plat

1. Faites cuire les pommes de terre en robe des champs dans une casserole (départ eau froide). Égouttez-les et épluchez-les.

2. Réduisez les pommes de terre tièdes en purée dans un saladier. Ajoutez la farine et mélangez.

3. Roulez la pâte en un boudin de 2 cm de diamètre puis détaillez des tronçons de 1,5 cm d'épaisseur. Aplatissez-les légèrement. Étalez les gnocchis dans un torchon, refermez-le et placez-le au réfrigérateur 20 minutes.

4. Préchauffez le four à 200 °C (th. 6-7). Plongez les gnocchis dans une grande casserole d'eau bouillante salée. Dès qu'ils remontent à la surface, ils sont cuits. Récupérez-les et déposez-les dans un saladier.

5. Râpez le fromage et mélangez-en la moitié avec les gnocchis. Salez et poivrez.

6. Déposez les gnocchis dans un plat à gratin et parsemez avec le reste de fromage râpé. Enfournez et faites dorer pendant 10 minutes. Dégustez chaud.

# GRATIN DE COQUILLETTES,
## *jambon et fromage fondu*

**Pour 8 personnes • Préparation : 15 min • Cuisson : 15 min**

400 g de coquillettes • 8 tranches de jambon blanc • 8 portions de fromage fondu • 200 g de gruyère râpé • 4 cubes de bouillon de bœuf • Beurre pour les ramequins



*1.* Préchauffez le four à 210 °C (th. 7).

*2.* Coupez le jambon en lanières.

*3.* Faites dissoudre les cubes de bouillon dans une grande casserole d'eau bouillante puis faites cuire les coquillettes selon le temps mentionné sur le paquet.

*4.* Égouttez les coquillettes et déposez-les dans un saladier. Ajoutez aussitôt le fromage fondu et le jambon. Mélangez le tout.

*5.* Répartissez la préparation dans 8 ramequins beurrés puis recouvrez-les de gruyère râpé.

*6.* Enfournez et faites gratiner pendant 10 minutes. Servez aussitôt.

### *Astuce*

Remplacez le fromage fondu par du reblochon, du vacherin ou du bleu.

# KIMCHI RAMEN

**Pour 4 personnes • Préparation : 15 min • Cuisson : 10 min**

400 g de ramen • 200 g de kimchi (chou pimenté lacto-fermenté) • 4 œufs marinés • 1 petit concombre • 2 oignons nouveaux • 2 litres de bouillon de légumes • 4 cuillerées à soupe de sauce soja • 2 cuillerées à soupe de mirin (sorte de saké trés doux) • Quelques pousses de shiso vert

1. Lavez et émincez les oignons. Lavez le concombre et coupez-le en très fines lamelles.

2. Mélangez la sauce soja et le mirin au bouillon de légumes. Faites chauffer dans une casserole.

3. Faites cuire les ramen dans une grande casserole d'eau bouillante selon le temps mentionné sur le paquet. Égouttez-les et déposez-les dans 4 bols.

4. Dans les bols, répartissez le kimchi, les lamelles de concombre, les œufs marinés coupés en deux et les oignons. Versez le bouillon très chaud par-dessus et parsemez de pousses de shiso. Servez aussitôt.

# LASAGNES DE LÉGUMES
## *grillés au citron confit*

**Pour 4 personnes**
**Préparation : 35 min**
**Cuisson : 15 min**

4 feuilles de lasagnes fraîches
1 poivron jaune coupé en lamelles
1 petite aubergine coupée en lamelles
1 courgette coupée en lamelles
1 cuillerée à soupe de thym
6 cuillerées à soupe de pistou
10 cl d'huile d'olive + un peu pour le plat
Sel et poivre

Sauce :
1 citron confit
2 cuillerées à soupe de thym
2 cuillerées à soupe d'huile d'olive

1. Faites chauffer 1 cuillerée à soupe d'huile dans une poêle puis faites griller les poivrons de tous côtés assaisonnés de sel, poivre et thym.

2. Procédez de la même manière avec les rondelles d'aubergine et de courgette.

3. Plongez les feuilles de lasagnes 3 minutes dans une grande casserole d'eau bouillante salée. Égouttez-les. Coupez chaque feuille de lasagne en deux pour avoir 8 carrés.

4. Préparez la sauce : coupez le citron confit en quatre. Récupérez la pulpe et coupez le zeste d'un quartier en petits dés. Dans un bol, mélangez l'huile d'olive avec le thym, la pulpe et les zestes de citron confit.

5. Préchauffez le four à 150 °C (th. 5). Déposez 4 carrés de lasagne dans un plat huilé et répartissez dessus les légumes et le pistou. Ajoutez la moitié de la sauce citronnée.

6. Recouvrez avec les 4 autres carrés de lasagne et badigeonnez le dessus de sauce.

7. Enfournez et faites cuire 5 minutes. Dégustez.

# POÊLÉE D'AUTOMNE
## *aux champignons*

**Pour 8 personnes**
**Préparation : 30 min**
**Cuisson : 40 min**

600 g de champignons de Paris
300 g de châtaignes cuites et pelées
400 g de pommes de terre coupées en cubes
1 potimarron
2 gousses d'ail
10 brins de persil plat
1 poignée de noix concassées
1 noisette de beurre
1 filet d'huile de noix
Huile d'olive
Sel et poivre

1. Pelez et écrasez les gousses d'ail. Coupez le potimarron en deux et ôtez les pépins. Détaillez la chair en cubes.

2. Dans une sauteuse, faites chauffer 2 cuillerées à soupe d'huile d'olive puis déposez les pommes de terre et l'ail. Salez et poivrez. Couvrez et laissez cuire 15 minutes à feu moyen. Incorporez les cubes de potimarron et poursuivez la cuisson 15 minutes.

3. Pendant ce temps, épluchez les champignons, ôtez le pied terreux et rincez-les brièvement sous un filet d'eau fraîche. Coupez-les en deux. Faites-les sauter dans une poêle avec un filet d'huile d'olive jusqu'à ce que l'eau de végétation soit totalement évaporée et qu'ils commencent à dorer. Salez, poivrez, ajoutez la noisette de beurre et mélangez.

4. Ajoutez les champignons et les châtaignes dans la sauteuse. Lavez le persil et ciselez-le par-dessus. Faites chauffer le tout 5 minutes à feu doux.

5. Parsemez la poêlée de noix concassées et arrosez d'un filet d'huile de noix. Servez aussitôt.

# AIGUILLETTES DE VOLAILLE *croustillantes*

**Pour 4 personnes**
**Préparation : 20 min**
**Réfrigération : 30 min**
**Cuisson : 2 min par fournée**

3 blancs de volaille de taille moyenne
150 g de corn-flakes
2 œufs
80 g de farine
½ cuillerée à café de quatre-épices
2 cuillerées à soupe d'huile d'olive
1 litre d'huile pour la friture
Sel et poivre

1. Coupez les blancs de volaille en fines aiguillettes. Déposez-les dans un saladier. Ajoutez le quatre-épices, l'huile d'olive, du sel et du poivre. Mélangez le tout afin que les aiguillettes soient bien enrobées. Filmez le saladier et placez-le 30 minutes au réfrigérateur.

2. Mixez les corn-flakes pour obtenir une poudre grossière. Déposez cette poudre dans une assiette.

3. Battez les œufs dans une assiette creuse. Versez la farine dans une autre assiette.

4. Faites chauffer l'huile de friture dans une casserole.

5. Passez chaque aiguillette successivement dans la farine, dans l'œuf battu puis dans la poudre de corn-flakes.

6. Plongez les aiguillettes panées dans l'huile bien chaude et faites-les dorer 2 minutes. Égouttez-les sur du papier absorbant.

7. Dégustez les aiguillettes avec de la sauce barbecue, de la mayonnaise au curry ou un chutney de pomme ou d'ananas.

# PIPERADE

**Pour 6 personnes • Préparation : 20 min • Cuisson : 35 min**

6 œufs • 6 fines tranches de jambon de Bayonne • 4 poivrons rouges coupés en fines lamelles • 2 piments verts doux coupés en fines lamelles • 6 tomates mondées et épépinées • 2 oignons • 2 gousses d'ail pressées • 1 bouquet garni • 3 cuillerées à soupe d'huile d'olive • Sel et poivre

PLATS

*1.* Épluchez et émincez les oignons. Dans une poêle, faites-les revenir dans 2 cuillerées à soupe d'huile. Ajoutez les poivrons rouges et les piments verts. Faites cuire 10 minutes à feu doux. Ajoutez l'ail, le bouquet garni et les tomates coupées en morceaux. Poursuivez la cuisson 15 minutes. Salez et poivrez.

*2.* Dans un saladier, battez les œufs et versez-les dans le reste de la préparation. Mélangez avec une cuillère en bois. Poursuivez la cuisson 5 minutes.

*3.* Faites chauffer une poêle avec 1 cuillerée à soupe d'huile d'olive et faites-y griller les tranches de jambon. Déposez-les sur le dessus de la préparation.

*4.* Servez avec de grosses tranches de pain grillé.

# CAPELLINI
## *à la carbonara*

**Pour 4 personnes • Préparation : 15 min • Cuisson : 5 min**

300 g de capellini • 150 g de pancetta en tranches ou de lardons allumettes • 10 brins de ciboulette • 4 jaunes d'œufs extra-frais • 25 cl de crème liquide • 1 cuillerée à soupe d'huile d'olive • Poivre

1. Coupez les tranches de pancetta en lanières. Faites-les dorer 2 minutes dans une poêle bien chaude sans matière grasse. Égouttez-les sur du papier absorbant.

2. Plongez les pâtes dans une grande casserole d'eau bouillante salée et laissez cuire selon le temps mentionné sur le paquet.

3. Ciselez la ciboulette.

4. Égouttez les pâtes puis faites-les revenir 2 minutes dans une sauteuse avec l'huile d'olive.

5. Versez la crème liquide sur les pâtes. Ajoutez les lanières de pancetta et la ciboulette. Poivrez généreusement et mélangez. Ajoutez le jaune d'œuf et servez sans attendre.

# BOULETTES DE POULET
## *aux aubergines*

PLATS

**Pour 8 personnes**
**(16 boulettes)**
**Préparation : 30 min**
**Cuisson : 40 min**

1,2 kg de chair
de poulet hachée
4 aubergines coupées
en deux
2 oignons nouveaux émincés
2 gousses d'ail hachées
2 œufs
80 g de parmesan frais râpé
Quelques feuilles
de menthe ciselées
Quelques feuilles
de coriandre ciselées
1 pincée de safran
en filaments
Huile d'olive
Sel et poivre

1. Préchauffez le four à 180 °C (th. 6).

2. Déposez les aubergines sur une plaque de cuisson recouverte de papier sulfurisé. Arrosez-les d'huile d'olive. Enfournez et faites cuire 25 à 30 minutes. Une fois cuites, retirez délicatement la chair à l'aide d'une cuillère. Hachez-la au couteau et réservez.

3. Dans un saladier, mélangez le poulet avec la chair d'aubergine, les oignons, l'ail et les herbes ciselées afin d'obtenir une préparation bien homogène. Incorporez les œufs, le parmesan, du sel et du poivre.

4. Confectionnez des boulettes de la grosseur d'une noix en les façonnant entre la paume de vos mains.

5. Faites chauffer un fond d'huile dans une poêle puis faites cuire les boulettes 10 à 15 minutes jusqu'à ce qu'elles soient bien dorées.

6. Dégustez les boulettes bien chaudes parsemées d'une pointe de safran. Servez avec du boulgour aux raisins secs.

# DESSERTS

# GÂTEAU AU YAOURT

**Pour 8 personnes**
**Préparation : 10 min**
**Cuisson : 45 min**

1 pot de yaourt nature au lait entier
3 pots de farine
½ sachet de levure chimique
3 œufs
½ pot d'huile de tournesol ou de beurre fondu
2 pots de sucre de canne
1 pincée de sel
Beurre et farine pour le moule

## Astuce

Pour une version chocolatée, remplacez ½ pot de farine par la même quantité de cacao. Pour varier les parfums, ajoutez une pointe d'extrait de vanille, des zestes d'agrumes ou des épices.

1. Préchauffez le four à 170 °C (th. 5-6).

2. Séparez les blancs d'œufs des jaunes. Montez les blancs en neige.

3. Versez le yaourt dans un saladier. Rincez le pot et séchez-le bien (il va vous servir pour mesurer les quantités d'ingrédients). Ajoutez le sucre de canne et les jaunes d'œufs puis mélangez.

4. Incorporez ensuite la farine, la levure et le sel puis ajoutez l'huile (ou le beurre fondu). Mélangez pour obtenir une pâte bien homogène. Incorporez délicatement les blancs en neige.

5. Versez la pâte dans un moule à manqué beurré et fariné. Enfournez et faites cuire 45 minutes. Vérifiez la cuisson en enfonçant la pointe d'un couteau : elle doit ressortir sèche. Laissez tiédir avant de démouler.

# GALETTE DES ROIS

**Pour 8 personnes**
**Préparation : 20 min**
**Cuisson : 45 min**

2 rouleaux de pâte feuilletée (500 g environ)
2 jaunes d'œufs

Frangipane :
200 g de poudre d'amandes
1 gousse de vanille
2 œufs
75 g de beurre demi-sel ramolli
100 g de sucre semoule
1 fève
2 couronnes

## Astuce

Si la galette dore trop vite, baissez le four à 190 °C (th. 6-7) et recouvrez-la de papier d'aluminium.

1. Préchauffez le four à 210 °C (th. 7).

2. Préparez la frangipane : dans un saladier, mélangez le beurre, le sucre et la poudre d'amandes afin d'obtenir une pâte lisse. Ajoutez les œufs un par un. Fendez la gousse de vanille dans la longueur et raclez les graines. Incorporez-les à la crème.

3. Dans chaque pâte, découpez 1 cercle de 25 cm de diamètre. Posez 1 cercle sur une plaque à pâtisserie recouverte de papier sulfurisé. Étalez la crème dessus en laissant un bord de 2 cm. Cachez la fève dans la crème. Recouvrez avec le second cercle de pâte.

4. Enroulez les deux bords de pâte ensemble pour souder la galette.

5. Avec la pointe d'un couteau, dessinez des croisillons sur la galette. Badigeonnez-la de jaune d'œuf à l'aide d'un pinceau.

6. Enfournez la galette et faites-la cuire 45 minutes. Servez tiède.

# CLAFOUTIS AUX CERISES

**Pour 6 personnes**
**Préparation : 30 min**
**Cuisson : 45 min**

700 g de cerises noires
45 g de farine
45 g de fécule de maïs
4 œufs
35 cl de lait
15 cl de crème liquide entière
1 noisette de beurre
130 g de sucre semoule
2 sachets de sucre vanillé
1 pincée de sel
Beurre pour le moule

1. Préchauffez le four à 200 °C (th. 6-7).

2. Rincez les cerises et équeutez-les (le dénoyautage est facultatif).

3. Dans un saladier, mélangez la farine, la fécule de maïs, le sucre semoule et le sel. Ajoutez les œufs un à un en mélangeant bien à chaque fois. Versez peu à peu le lait et la crème liquide. Lissez la pâte pour qu'elle soit bien homogène.

4. Déposez les cerises dans un plat à gratin (ou un moule à manqué) beurré. Versez la pâte par-dessus puis saupoudrez de sucre vanillé. Enfournez et faites cuire 45 minutes. Dégustez le clafoutis tiède ou froid.

# BISCUIT ROULÉ
## *à la confiture*

**Pour 8 personnes**
**Préparation : 15 min**
**Cuisson : 15 min**

1 pot de confiture au choix
90 g de farine
35 g de poudre d'amandes
3 œufs
50 g de beurre
125 g de sucre semoule
Sucre glace

1. Préchauffez le four à 190 °C (6-7).

2. Faites fondre le beurre au bain-marie ou au micro-ondes. Laissez refroidir.

3. Dans un saladier, fouettez les œufs et le sucre pendant 5 minutes pour que le mélange blanchisse et devienne très mousseux. Ajoutez le beurre fondu et mélangez. Incorporez ensuite la farine et la poudre d'amandes avec une maryse.

4. Sur une plaque de cuisson recouverte de papier sulfurisé déposez la pâte sur 1,5 cm d'épaisseur. Enfournez et faites cuire 15 minutes.

5. À la sortie du four, retournez la génoise sur un torchon humide chaud. Étalez rapidement la confiture sur la génoise et roulez-la sur elle-même. Enroulez dans le torchon et placez au réfrigérateur.

6. Juste avant de servir, enlevez le torchon, coupez chaque extrémité du gâteau et saupoudrez de sucre glace.

# FLAN *pâtissier*

**Pour 6 personnes • Préparation : 10 min • Cuisson : 35 min**

1 pâte sablée (230 g) • 8 œufs • 75 cl de lait • 150 g de sucre semoule • 1 gousse de vanille • Beurre pour le moule

*1.* Préchauffez le four à 180 °C (th. 6).

*2.* Fouettez les œufs dans un saladier. Ajoutez le sucre tout en continuant de battre. Incorporez le lait petit à petit.

*3.* Fendez la gousse de vanille en deux, grattez les graines à l'aide de la lame d'un couteau et ajoutez-les au mélange.

*4.* Étalez la pâte sablée dans un moule à tarte. Versez la préparation dessus et enfournez. Laissez cuire 35 minutes en surveillant la fin de cuisson (le flan ne doit pas trop dorer).

# FONDANT
## *aux marrons*

**Pour 8 personnes • Préparation : 10 min • Cuisson : 20 min**

300 g de crème de marrons • 40 g de poudre d'amandes • 100 g de farine • 2 œufs • 100 g de beurre en pommade • 50 g de sucre semoule • Beurre et farine pour le moule

1. Préchauffez le four à 150 °C (th. 5).

2. Séparez les blancs d'œufs des jaunes. Dans un saladier, fouettez le beurre avec la crème de marrons et les jaunes d'œufs. Ajoutez la farine et la poudre d'amandes. Mélangez bien le tout.

3. Montez les blancs en neige ferme en ajoutant petit à petit le sucre. Incorporez-les délicatement à la pâte.

4. Versez la préparation dans un moule à manqué beurré et fariné. Enfournez et faites cuire 20 minutes. Laissez tiédir le gâteau avant de démouler.

# SOUFFLÉS AU CHOCOLAT

**Pour 6 soufflés**
**Préparation : 15 min**
**Cuisson : 12 min**
**Réfrigération : 10 min**

200 g de chocolat noir à pâtisser
14 g de fécule de maïs
2 jaunes d'œufs
4 blancs d'œufs
20 cl de lait
60 g de sucre semoule
Beurre et sucre pour les moules

1. Préchauffez le four à 175 °C (th. 5-6). Concassez le chocolat et placez-le dans un saladier.

2. Dans une tasse, délayez la fécule de maïs avec un peu de lait. Dans une casserole, portez à ébullition le reste de lait puis ajoutez la fécule diluée.

3. Versez le lait sur le chocolat et laissez reposer 5 minutes. Fouettez pour lisser la préparation. Ajoutez les jaunes d'œufs et mélangez.

4. Montez les blancs en neige et ajoutez petit à petit le sucre en fouettant jusqu'à ce qu'ils soient fermes.

5. À l'aide d'une maryse, incorporez délicatement les blancs en neige à la préparation au chocolat.

6. Beurrez 6 moules à soufflé à la verticale puis placez-les 10 minutes au réfrigérateur.

7. Beurrez une seconde fois les moules, puis saupoudrez-les de sucre. Versez l'appareil au chocolat jusqu'au bord, lissez la surface et passez votre doigt sur le pourtour des moules. Enfournez et laissez cuire 12 minutes. Servez les soufflés dès la sortie du four.

# POMPE AUX POMMES

**Pour 6 personnes**
**Préparation : 20 min**
**Cuisson : 40 min**

500 g de pâte feuilletée ou de pâte brisée sucrée
800 g de pommes
1 pincée de cannelle
1 jaune d'œuf pour la dorure
50 g de sucre en poudre

1. Épluchez, évidez et émincez les pommes.

2. Partagez la pâte en deux et étalez chaque pâton en rectangle sur une épaisseur de 3 mm. Déposez la première abaisse sur une tôle recouverte de papier sulfurisé. Piquez la surface avec une fourchette.

3. En conservant une marge de 2 cm tout autour de la pâte, rangez les lamelles de pomme en les faisant chevaucher. Parsemez le sucre mélangé à la cannelle sur les pommes.

4. Préchauffez le four à 210 °C (th. 7). Piquez la deuxième abaisse et recouvrez-en les pommes (orientez la face piquée vers les pommes). Dorez le pourtour de pâte vide avec un peu de jaune d'œuf mélangé à 1 cuillerée d'eau. Soudez les deux pâtes et repliez la bordure. Dessinez des stries avec le dos d'une fourchette sur la bordure. Formez des croisillons avec le côté non tranchant d'un couteau sur la surface de la pâte. Dorez avec le reste de jaune d'œuf.

5. Baissez le four à 180 °C (th. 6). Enfournez et faites cuire 40 minutes. Dégustez froid ou tiède.

# OREILLETTES *languedociennes*

**Pour 6 personnes (une vingtaine de biscuits)**
**Préparation : 10 min**
**Repos : 2 à 3 h**
**Cuisson : 3 min**

3 œufs déliés
250 g de farine tamisée
2 cuillerées à soupe de rhum (facultatif)
50 g de beurre fondu et refroidi
Huile de friture
40 g de sucre en poudre
Sucre glace ou en poudre
1 pincée de sel

1. Mélangez la farine, le sucre et le sel dans un saladier. Disposez en fontaine. Versez les œufs, le beurre et éventuellement le rhum. Incorporez progressivement. Formez une boule.

2. Laissez reposer la pâte 2 à 3 heures à température ambiante.

3. Sur le plan de travail fariné, étalez la pâte au rouleau le plus finement possible sur 2 à 3 mm d'épaisseur puis découpez des bandes ou des losanges.

4. Faites chauffer l'huile entre 160 et 180 °C. Ne plongez que 5 à 6 pièces à la fois, sinon l'huile refroidit. Laissez gonfler quelques minutes, en retournant pour une coloration uniforme. Retirez à l'écumoire. Laissez égoutter sur du papier absorbant.

5. Saupoudrez généreusement de sucre.

# PETITS FINANCIERS
## *au citron*

**Pour 6 personnes**
**Préparation : 20 min**
**Cuisson : 15 min**

50 g de farine fluide
50 g de poudre d'amandes
1 citron non traité
4 blancs d'œufs
75 g de beurre
150 g de sucre semoule
½ cuillerée à café d'extrait de vanille
1 pincée de sel
Beurre pour les moules

1. Préchauffez le four à 200 °C (th. 6-7).

2. Beurrez le moule à financiers (ou à madeleines).

3. Faites fondre le beurre au bain-marie ou au micro-ondes.

4. Râpez le zeste du citron.

5. Dans un saladier, mélangez la farine, la poudre d'amandes, le sucre et l'extrait de vanille.

6. Montez les blancs d'œufs en neige ferme avec la pincée de sel puis incorporez-les délicatement au mélange précédent.

7. Ajoutez ensuite le beurre fondu et le zeste de citron à la pâte. Mélangez le tout.

8. Versez la préparation dans les petits moules. Enfournez et faites cuire 15 minutes. Laissez refroidir les financiers avant de les démouler.

# GÂTEAU MOELLEUX
## *aux pommes et aux noisettes*

**Pour 4 personnes**
**Préparation : 10 min**
**Cuisson : 35 min**

2 belles pommes reine de reinettes
50 g de poudre de noisettes
200 g de farine
1 sachet de levure chimique
3 œufs
20 cl de crème liquide
150 g de sucre semoule
1 sachet de sucre vanillé
Sucre glace
Beurre et farine pour le moule

1. Préchauffez le four à 200 °C (th. 6-7).

2. Épluchez les pommes et coupez-les en petits dés.

3. Dans un saladier, battez les œufs avec les sucres semoule et vanillé jusqu'à ce que le mélange mousse et blanchisse. Ajoutez la crème liquide, la farine, la levure et la poudre de noisettes. Mélangez bien le tout.

4. Versez la préparation dans un moule beurré et fariné. Ajoutez les dés de pommes.

5. Enfournez le gâteau et laissez cuire 35 minutes environ. Saupoudrez de sucre glace à la sortie du four.

# FAR BRETON

**Pour 6 personnes • Préparation : 20 min • Cuisson : 45 min**

250 g de pruneaux dénoyautés • 4 œufs • 250 g de farine • 1 litre de lait entier tiédi • Un peu de beurre • 180 g de sucre semoule • 3 pincées de sel

1. Faites préchauffer le four à 200 °C (th. 6-7).

2. Dans un grand saladier, mélangez la farine, le sucre et le sel. Disposez en fontaine et incorporez progressivement les œufs puis le lait.

3. Beurrez un plat allant au four et répartissez-y les pruneaux. Versez l'appareil.

4. Enfournez. Diminuez la température du four à 150 °C (th. 5) dès que le far est saisi et qu'il commence à dorer sur les côtés, soit environ 30 minutes après le début de cuisson. Laissez 30 minutes de plus en recouvrant éventuellement de papier d'aluminium pour éviter une dorure excessive à la surface.

5. Laissez refroidir avant de déguster.

# QUATRE-QUARTS
## *à l'orange*

**Pour 6 personnes • Préparation : 15 min • Cuisson : 45 min**

1 orange non traitée • 200 g de farine • 1 sachet de levure chimique • 4 œufs • 200 g de beurre demi-sel ramolli • 200 g de sucre semoule • Beurre et farine pour le moule

1. Préchauffez le four à 180 °C (th. 6).

2. Prélevez le zeste de l'orange et coupez-le en fines lanières.

3. Tamisez la farine et la levure dans un saladier.

4. Dans un autre saladier, déposez le beurre et travaillez-le à la spatule. Versez le sucre et fouettez jusqu'à l'obtention d'un mélange blanc et mousseux. Ajoutez les œufs l'un après l'autre en mélangeant bien à chaque fois. Incorporez ensuite la farine puis les lanières d'orange.

5. Versez la préparation dans un moule à manqué beurré et fariné. Enfournez 40 à 45 minutes (vérifiez la cuisson avec la pointe d'un couteau). Laissez le quatre-quarts tiédir avant de démouler.

# FRAISIER AUX BISCUITS de Reims

**Pour 6 personnes**
**Préparation : 20 min**
**Sans cuisson**
**Réfrigération : 4 h**

20 biscuits de Reims
400 g de fraises
200 g de fromage blanc
50 cl de crème liquide entière
200 g de sucre semoule

1. Dans un saladier, battez la crème pour la rendre bien ferme. Ajoutez le fromage blanc et le sucre progressivement.

2. Rincez rapidement les fraises et séchez-les. Réservez-en quelques-unes pour la déco et coupez les autres en morceaux.

3. Dans un moule à cake, disposez un fond de biscuits de Reims. Étalez la crème fouettée par-dessus puis ajoutez les fraises. Recouvrez d'une couche de biscuits. Placez le fraisier au réfrigérateur 4 heures minimum.

4. Démoulez le fraisier sur un plat de présentation et décorez de fraises.

# PAVLOVAS
## citron-framboises

**Pour 6 pavlovas**
**Préparation : 15 min**
**Cuisson : 50 min**

25 cl de sorbet citron
150 g de framboises fraîches
6 blancs d'œufs
80 g de sucre semoule
Sirop de fruits rouges
1 pincée de sel

Crème chantilly :
40 cl de crème liquide très froide
50 g de sucre semoule

1. Préparez la meringue : battez les blancs d'œufs en neige très ferme avec la pincée de sel. Incorporez délicatement le sucre.

2. Sur une plaque à pâtisserie recouverte de papier sulfurisé, à l'aide d'emporte-pièces ronds ou rectangulaires huilés, déposez la préparation sur une épaisseur d'environ 4 cm. Avec le dos d'une grande cuillère, creusez légèrement leur centre.

3. Enfournez les meringues à froid et portez la température à 80 °C (th. 2-3). Faites cuire 50 minutes sans ouvrir la porte du four.

4. Décollez délicatement les meringues et laissez-les refroidir sur une grille.

5. Réalisez la chantilly en fouettant la crème avec le sucre.

6. Au centre de chaque meringue, posez 1 boule de sorbet citron. Recouvrez de chantilly puis décorez de framboises et d'un filet de sirop de fruits rouges. Servez aussitôt.

# CŒURS COULANTS
## *à la mangue*

**Pour 4 personnes**
**Préparation : 10 min**
**Congélation : 2 h**
**Cuisson : 10 min**

200 g de chocolat noir à pâtisser
1 mangue bien mûre
4 œufs
1 cuillerée à soupe de farine
125 g de beurre extra-fin
7 cuillerées à soupe de sucre semoule

1. Pelez la mangue et mixez la chair avec 2 cuillerées à soupe de sucre.
2. Placez la purée de mangue dans des cubes à glaçons et réservez 2 heures au congélateur.
3. Préchauffez le four à 200 °C (th. 6-7).
4. Faites fondre le chocolat concassé avec le beurre coupé en morceaux dans une casserole au bain-marie. Laissez tiédir.
5. Dans un saladier, battez les œufs avec le reste de sucre jusqu'à ce que le mélange blanchisse. Ajoutez le chocolat fondu et remuez. Incorporez la farine.
6. Répartissez la préparation dans des moules à muffins en silicone puis glissez 1 glaçon de mangue au centre de chacun.
7. Enfournez et faites cuire 10 minutes. Démoulez à la sortie du four. Dégustez avec une boule de glace vanille.

# PAVLOVA
## *framboise-passion*

**Pour 8 personnes**
**Préparation : 20 min**
**Cuisson : 1 h 30**

300 g de framboises fraîches
1 cuillerée à soupe de fécule de maïs
4 blancs d'œufs
1 cuillerée à café de jus de citron
200 g de sucre semoule
Sucre glace pour la décoration

Crème chantilly passion :
3 fruits de la passion coupés en deux
15 cl de crème liquide entière froide
40 g de sucre semoule

1. Préchauffez le four à 100 °C (th. 3-4).

2. Mélangez les blancs d'œufs et le jus de citron puis montez-les en neige en incorporant le sucre semoule et la fécule petit à petit. Fouettez pendant 3 minutes pour obtenir une meringue bien ferme.

3. Étalez la meringue en cercle sur une plaque de cuisson recouverte de papier sulfurisé : elle doit avoir une épaisseur de 6 cm minimum avec un léger creux au milieu.

4. Enfournez la meringue et faites cuire 1 h 30. Laissez refroidir sur une grille.

5. Prélevez l'intérieur des fruits de la passion. Filtrez à travers une passoire en pressant bien.

6. Juste avant de servir, fouettez la crème liquide bien froide en chantilly avec le sucre. Incorporez délicatement la pulpe des fruits de la passion filtrée.

7. Recouvrez la meringue de chantilly passion puis garnissez de framboises. Poudrez d'un léger voile de sucre glace et servez aussitôt.

# MILLE-FEUILLES

**Pour 4 mille-feuilles**
**Préparation : 30 min**
**Cuisson : 30 min**

1 pâte feuilletée
150 g de sucre glace

Crème pâtissière :
3 jaunes d'œufs
100 g de farine tamisée
50 cl de lait
80 g de sucre semoule
1 gousse de vanille

1. Réalisez la crème pâtissière : fendez la gousse de vanille en deux et raclez les graines avec la pointe d'un couteau. Dans une casserole, faites chauffer le lait avec la gousse et les graines de vanille 10 minutes à feu doux. Laissez tiédir. Dans un saladier, fouettez les jaunes d'œufs et le sucre jusqu'à ce que le mélange blanchisse. Ajoutez la farine progressivement en fouettant. Ôtez la gousse de vanille du lait puis versez le contenu du saladier dans la casserole en mélangeant à l'aide d'un fouet. Faites chauffer en remuant et portez à ébullition pendant 3 minutes. Laissez refroidir.

2. Préchauffez le four à 180 °C (th. 6).

3. Déroulez la pâte feuilletée puis coupez 12 rectangles de même taille. Placez-les sur une plaque à pâtisserie recouverte de papier sulfurisé et piquez-les avec une fourchette. Enfournez 12 à 15 minutes. Laissez refroidir.

4. Dressez les mille-feuilles : étalez une bonne épaisseur de crème pâtissière sur un rectangle de pâte et recouvrez d'un autre rectangle. Nappez-le de crème et placez un troisième rectangle dessus. Saupoudrez généreusement de sucre glace. Montez les autres mille-feuilles et réservez au frais.

# CLAFOUTIS
## *pomme, poire et raisins*

**Pour 4 personnes • Préparation : 10 min • Cuisson : 25 min**

1 pomme • 1 poire • 100 g de raisins secs • 3 œufs • 30 g de farine • 50 g de sucre semoule • 1 sachet de sucre vanillé • 50 cl de lait fermier • 1 cuillerée à soup de kirsch • 50 g de beurre fondu

1. Préchauffez le four à 200 °C (th. 6-7).
2. Pelez et épépinez la pomme et la poire puis coupez-les en dés.
3. Dans un saladier, battez les œufs avec le sucre semoule. Ajoutez le beurre fondu, la farine, le lait et le kirsch. Mélangez énergiquement le tout.
4. Versez la préparation dans un plat allant au four puis ajoutez les dés de fruits et les raisins. Enfournez et faites cuire 25 minutes.
5. À la sortie du four, saupoudrez le clafoutis de sucre vanillé. Dégustez-le tiède ou froid.

# CRÈME AU CHOCOLAT
## *et à l'orange*

**Pour 4 personnes • Préparation : 10 min • Cuisson : 5 min • Réfrigération : 3 h**

150 g de chocolat noir à pâtisser • Le zeste de 1 orange non traitée • 50 cl de lait écrémé • 4 feuilles de gélatine • 1 cuillerée à soupe de sucre semoule

1. Faites ramollir les feuilles de gélatine dans un bol d'eau froide pendant 10 minutes.

2. Faites tiédir le lait dans une casserole. Ajoutez le chocolat concassé et fouettez pour le faire fondre.

3. Essorez les feuilles de gélatine et incorporez-les au lait tiède chocolaté. Mélangez pour bien les dissoudre. Ajoutez le sucre et le zeste d'orange.

4. Répartissez la préparation dans des ramequins. Réservez 3 heures minimum au réfrigérateur afin que les crèmes épaississent.

# CRUMBLE À LA RHUBARBE
## *et à la gelée de groseilles*

**Pour 4 personnes**
**Préparation : 20 min**
**Cuisson : 15 à 20 min**

4 cuillerées à soupe
de gelée de groseilles
ou de cassis
600 g de rhubarbe fraîche
ou surgelée en tronçons
100 g de biscuits secs
aux noisettes,
aux amandes ou nature
2 cuillerées à soupe
de farine
100 g de beurre
120 g de cassonade

1. Épluchez et lavez la rhubarbe ; coupez-la en tronçons de 1 cm environ.

2. Dans une poêle, faites fondre 30 g de beurre puis déposez les tronçons de rhubarbe avec 30 g de cassonade. Faites cuire 5 minutes sur feu vif en remuant : la rhubarbe doit rester légèrement croquante. Laissez refroidir.

3. Préchauffez le four à 190 °C (th. 6-7).

4. Broyez les biscuits à l'aide d'un rouleau à pâtisserie pour obtenir une poudre grossière.

5. Dans un saladier, mélangez le reste de beurre ramolli avec le reste de cassonade. Ajoutez la poudre de biscuits et la farine. Mélangez pour obtenir une pâte légèrement friable.

6. Déposez la rhubarbe dans le fond d'un plat à gratin. Étalez dessus la gelée de groseilles puis recouvrez de pâte. Enfournez et faites cuire 15 à 20 minutes.

7. Sortez le crumble du four et dégustez-le aussitôt.

# TIRAMISU
## à la framboise

**Pour 4 personnes**
**Préparation : 30 min**
**Réfrigération : 3 h**

150 g de biscuits
à la cuillère
200 g de framboises
200 g de mascarpone
3 œufs
200 g de sucre semoule.

Décoration :
Quelques framboises
4 brins de menthe
ou de lavande

### Astuce

Cette recette est également délicieuse avec de la mangue ou de la poire.

1. Émiettez les biscuits et répartissez-les dans 4 verrines ou ramequins.

2. Écrasez les framboises et mélangez-les avec 50 g de sucre. Ajoutez-les sur les biscuits. Réservez au réfrigérateur.

3. Séparez les blancs d'œufs des jaunes. Dans un saladier, fouettez les jaunes avec le reste de sucre afin que le mélange mousse et blanchisse. Incorporez délicatement le mascarpone.

4. Montez les blancs en neige ferme et mélangez-les progressivement à la préparation précédente.

5. Versez la crème de tiramisu sur les framboises. Réfrigérez les verrines pendant 3 heures minimum.

6. Au moment de servir, décorez les verrines avec des framboises et 1 brin de menthe ou de lavande.

# BEIGNETS AU NUTELLA®

**Pour 12 gros beignets**
**Préparation : 20 min**
**Cuisson : 5 min**
**Repos : 2 h 30**

1 petit pot de Nutella®
Huile de friture

Pâte à gros beignets :
420 g de farine
1 sachet de levure de boulanger
1 œuf
50 g de sucre semoule
50 g de beurre fondu
12,5 cl de lait
12,5 cl d'eau tiède
1 pincée de sel fin

1. Réalisez la pâte à gros beignets : dans un bol, délayez la levure avec l'eau tiède et laissez fermenter 15 minutes. Dans un saladier, mélangez le lait avec le sucre, le beurre, l'œuf et le sel. Dans un autre saladier, versez la farine. Ajoutez le mélange à base de lait puis la levure diluée. Pétrissez bien à l'aide d'un robot ou avec vos mains. Formez une boule de pâte (si elle colle, c'est normal). Laissez-la reposer 2 heures minimum sous un linge humide (elle doit doubler de volume).

2. Sur un plan de travail fariné, étalez la pâte sur 1 cm d'épaisseur. À l'aide d'un emporte-pièce, découpez des disques de pâte du diamètre souhaité. Déposez-les sur une plaque à pâtisserie recouverte de papier cuisson fariné et laissez-les gonfler 30 minutes sous un linge à température ambiante. Faites chauffer un grand volume d'huile de friture. Quand elle est à bonne température, plongez les beignets et faites-les dorer 1 minute environ de chaque côté. Récupérez-les à l'aide d'une écumoire et égouttez-les sur du papier absorbant.

3. Saupoudrez vos beignets de sucre. Faites un trou sur le côté des beignets et garnissez-les de Nutella® à l'aide d'une poche à douille.

# FROMAGE BLANC
## *façon tiramisu*

**Pour 4 personnes**
**Préparation : 15 min**
**Sans cuisson**
**Réfrigération : 4 h**

8 biscuits à la cuillère
600 g de fromage blanc
1 cuillerée à soupe de mascarpone
150 g de crème de marrons
80 g de sucre semoule
4 cuillerées à soupe de café expresso non sucré
Cacao amer en poudre

1. Émiettez les biscuits et répartissez-les dans des verrines. Mouillez avec 1 cuillerée à soupe de café.

2. Battez le fromage blanc avec le mascarpone et le sucre dans un saladier jusqu'à l'obtention d'un mélange onctueux.

3. Versez les trois quarts de la préparation sur les biscuits. Recouvrez de crème de marrons puis ajoutez le reste de la préparation. Saupoudrez de cacao et décorez avec une noisette de crème de marrons. Réservez les verrines au réfrigérateur pendant 4 heures minimum.

4. Réalisez le glaçage : faites fondre au bain-marie le chocolat concassé avec le beurre. Mélangez au fouet de façon à bien lisser la préparation.

5. À l'aide d'une spatule, nappez le gâteau refroidi de chocolat fondu (le dessus et les bords). Laissez refroidir avant de déguster.

# VACHERINS AUX CASSIS
## *et à la myrtille*

**Pour 6 vacherins**
**Préparation : 20 min**
**Cuisson : 2 h**
**Congélation : 2 h**

60 cl de sorbet au cassis sorti du congélateur
200 g de myrtilles
5 cl d'eau
20 g de sucre semoule

Meringues :
2 blancs d'œufs
60 g de sucre semoule
60 g de sucre glace

1. Préchauffez le four à 100 °C (th. 3-4).

2. Préparez les meringues : montez les blancs d'œufs en neige. Lorsqu'ils commencent à prendre, ajoutez le sucre semoule et fouettez. Incorporez délicatement le sucre glace.

3. Remplissez de meringue une poche munie d'une douille lisse puis formez des petits tas espacés sur une plaque de cuisson recouverte de papier sulfurisé. Enfournez et faites cuire 2 heures. Écrasez un tiers des meringues pour réaliser de petits éclats.

4. Travaillez le sorbet à la spatule pour l'assouplir. Répartissez-le à mi-hauteur dans 6 demi-sphères en silicone. Répartissez des éclats de meringue et quelques myrtilles puis recouvrez de sorbet. Placez 2 heures au congélateur.

5. Versez le reste des myrtilles, le sucre et l'eau dans une casserole et portez à ébullition. Mixez et laissez refroidir.

6. Avant de servir, démoulez les demi-sphères sur 6 assiettes. Badigeonnez-les de coulis puis décorez-les avec les meringues. Dégustez avec le reste de coulis.

# INDEX DES RECETTES

# ÉQUIVALENCES

## *Mesures liquides*

| Système métrique | Système américain | Autre nom |
|---|---|---|
| 5 ml | 1 cuillère à thé (cuillère à café française) | |
| 15 ml | 1 cuillère à table (cuillère à soupe française) | |
| 35 ml | 1/8 cup (tasse française) | 1 oz (ou once) |
| 65 ml | 1/4 cup ou 1/4 grand verre | 2 oz |
| 125 ml | 1/2 cup ou 1/2 grand verre | 4 oz |
| 250 ml | 1 cup ou 1 grand verre | 8 oz |
| 500 ml | 2 cups ou 1 pinte | |
| 1 litre | 4 cups ou 2 pintes | |

## *Mesures solides*

| Système métrique | Système américain | Autre nom |
|---|---|---|
| 30 g | 1/16 lbs | 1 oz |
| 55 g | 1/8 lbs | 2 oz |
| 115 g | 1/4 lbs | 4 oz |
| 170 g | 3/8 lbs | 6 oz |
| 225 g | 1/2 lbs | 8 oz |
| 454 g | 1 livre | 16 oz |

## *Chaleur du four*

| Chaleur | ° Celsius | Thermostat | ° Fahrenheit |
|---|---|---|---|
| Très doux | 70 °C | Th. 2-3 | 150 °F |
| Doux | 100 °C | Th. 3-4 | 200 °F |
| | 120 °C | Th. 4 | 250 °F |
| Moyen | 150 °C | Th. 5 | 300 °F |
| | 180 °C | Th. 6 | 350 °F |
| Chaud | 200 °C | Th. 6-7 | 400 °F |
| | 230 °C | Th. 7-8 | 450 °F |
| Très chaud | 260 °C | Th. 8-9 | 500 °F |

Direction : Guillaume Pô
Direction éditoriale : Tatiana Delesalle
Édition : Elise Marcantoni assistée de Chloë Prestwich
Direction artistique : Julie Pauwels
Mise en page : Daniella Thomas (CAMEG)
Direction de fabrication : Thierry Dubus
Suivi de fabrication : Marie Dubourg
Numéro d'édition : M19034
ISBN : 9782317021145
Code MDS : MN00203

Photo de couverture :
© Sophie Dumont
Stylisme de la photo de couverture :
© Delphine Lebrun

Achevé d'imprimer en avril 2019
par Elcograf S.p.A en Italie

Dépôt légal : mai 2019

www.mangoeditions.com



Retrouvez-nous sur :
https://www.facebook.com/Mangocuisine

Toutes les recettes de ce livre sont extraites de *Les meilleures recettes à Petits prix* publié en 2016 aux éditions Mango

Textes :
Isabel Brancq-Lepage : recettes 76, 118, 128, 130, 132, 139, 146 / AnneCé Bretin : recettes 36, 46, 48, 73, 98, 112, 116, 122, 140, 182 / Valéry Drouet : recettes 34, 38, 136, 178 / Jean Étienne : recettes 12, 14, 16, 18, 20, 22, 28, 30, 32, 40, 41, 42, 44, 50, 51, 52, 54, 58, 60, 62, 66, 68, 70, 72, 74, 78, 84, 86, 88, 89, 92, 104, 114, 120, 123, 152, 160, 162, 165, 166, 168, 170, 174, 176, 177, 180, 184 / Coralie Ferreira : recettes 33, 100, 131, 134, 144, 148, 150, 153, 154, 172, 186, / Chae Rin Vincent : recettes 24, 64, 65, 80, 82, 90, 94, 96, 102, 103, 106, 108, 110, 111, 138, 156, 158, 164

Photographies :
© Martin Balme : recettes 36, 46, 48, 76, 118, 124, 126, 128, 130, 132, 139, 182 / © Aimery Chemin : recettes 24, 64, 65, 80, 82, 90, 94, 96, 102, 103, 106, 10-8, 110, 111, 138, 156, 158, 164 / © Charly Deslandes : recettes 100, 131 / © Jean Étienne : recettes 12, 14, 16, 18, 20, 22, 28, 30, 32, 40, 41, 42, 44, 50, 51, 52, 54, 58, 60, 62, 66, 68, 70, 72, 74, 78, 84, 86, 88, 89, 92, 104, 114, 120, 123, 152, 160, 162, 165, 166, 168, 170, 174, 176, 177, 180, 184 / © Virginie Garnier : recettes 33, 134, 144, 148, 150, 153, 154, 172, 186, / © Amélie Roche : recettes 73, 98, 112, 116, 122, 140, / © Pierre-Louis Viel : recettes 34, 38, 136, 178

FSC
www.fsc.org
MIXTE
Papier issu de sources responsables
FSC® C115118

# Découvrez *100 % Cuisine*,
# la collection de *100 recettes inratables* !

## Dans la même collection :

**Et aussi :**

*Plats du dimanche • À chaque saison ses soupes • Petits et grands plats pour étudiants • Les meilleures recettes à petits prix • Gratins • Délicieuses recettes d'Asie • Le meilleur du Maroc • Les classiques cultes • Recettes faciles et gourmandes sans gluten.*

***Collectionnez-les tous !***